AF607551

PLURALIDAD RELIGIOSA

Francisco Dharandas

PLURALIDAD RELIGIOSA:

DIÁLOGO, VERDAD Y MISIÓN

en el Magisterio pontificio contemporáneo

Pluralidad religiosa: diálogo, verdad y misión en el Magisterio pontificio contemporáneo

ISBN: 978-84-7966-820-4
Depósito Legal: M-13630-2025

Servicios Editoriales de Publicaciones Claretianas
Impreso en España - Printed in Spain
Imprime: Estugraf

CONTENIDO

1. INTRODUCCIÓN

El presente estudio tiene su origen en el interés teológico sobre la relación imprescindible entre el diálogo interreligioso, la cuestión de la verdad y la misión evangelizadora. Además, la elección del tema quiere también conectar con las cuestiones comunes al ser humano en cuanto ser religioso y a las diversas religiones.

La metodología que seguimos en el estudio pretende poner de manifiesto dichos factores, es por ello por lo que el cuerpo del trabajo se estructura en dos capítulos:

— El primer capítulo consta de tres apartados, a saber, el hecho religioso; desde la historia de las religiones, la fenomenología de la religión y la antropología filosófica; la definición de religión y la pluralidad religiosa, que procuran evidenciar que lo religioso y la religión es connatural al ser humano.

— El segundo capítulo se estructura en tres apartados bajo los títulos: El diálogo interreligioso, la cuestión de la verdad y la misión evangelizadora; que buscan la verdad para hallarla en el ámbito religioso y proclamar al Dios verdadero que es Verdad y la Salvación.

Las fuentes utilizadas en la elaboración del estudio fueron los libros sagrados de las religiones (la *Biblia* y el *Corán*), el *Magisterio de la Iglesia* y diversos documentos pontificios, también más de una sesentena de obras de distintos autores.

Como broche de oro de esta introducción, quisiera agradecer a mi familia por ser mi principal apoyo y, una vez más, quisiera hacerles llegar, de esta manera tan simbólica, mi cariño.

2. EL SER HUMANO, SER RELIGIOSO

La religiosidad humana es un hecho que encontramos en todos los pueblos y en todas las culturas desde los orígenes del ser humano. Esta realidad forma parte de la estructura de la persona y se fundamenta en la racionalidad humana. La experiencia religiosa se expresa en una gran variedad de formas en la pluralidad de las tradiciones religiosas.

2.1. El hecho religioso

El hecho religioso puede ser abordado por el conjunto de ciencias positivas de la religión. Se lleva a cabo en niveles diferentes, uno estrictamente científico, que analiza los aspectos y perspectivas (historia, sociología, psicología, etnología, antropología, geografía, lingüística); otro fenomenológico, que comprende una síntesis global de los aspectos captando su significación profunda y estructura fundamental (fenomenología de la religión; y por último un tratamiento para captar su verdad objetiva, conocido como reflexión normativa del hecho religioso, que determina su racionabilidad y establece su conveniencia o disconformidad con las leyes generales del pensamiento (filosofía de la religión y teología)[1].

2.1.1. Desde la historia de las religiones

La historia de las religiones es el punto de partida de todas las llamadas ciencias de la religión y se dedica al estudio y a la descripción empírica de las religiones existentes en la humanidad. Según José Morales:

> *"se trata de una ciencia positiva y descriptiva, que en algunos casos puede realizar, sin embargo, una labor interpretativa, que equivale a comprensión de la experiencia religiosa y de sus expresiones teóricas (conceptos, dogmas, doctrinas, credos, mitos), prácticas (cultos, modos de oración, costumbres religiosas) y sociológicas (asociaciones, actitudes, mentalidades)"*[2].

Los historiadores de la religión usan las reglas del método histórico crítico para estudiar tradiciones religiosas con el fin de determinar su origen, el desarrollo de sus instituciones, sus aspectos doctrinales, sus ramificaciones y transformaciones, etc.

Antes de desarrollar el apartado, parece oportuno distinguir, los distintos niveles que aparecen en sucesión cronológica, parcialmente superpuestos y que desde la morfología indican una evolución progresiva

---

[1] Cf. J. De Sahagún Lucas Hernández, *Fenomenología y Filosofía de la Religión* (Biblioteca de Autores Cristianos, Madrid ²2017) 36.

[2] J. Morales Marín, *Teología de las Religiones* (Ediciones Rialp, Madrid 2001) 15.

hacia el ser humano actual[3]. Teniendo en cuenta que, según algunos especialistas de la paleoantropología, la mayoría de los problemas sobre la evolución humana siguen sin resolver y que nuestras ideas sobre ella se basan en datos a veces poco fidedignos porque la mayoría de los fósiles de que disponemos son tan sólo fragmentos, la localización temporal de los restos plantea problemas y no existen normas adecuadas que indiquen cómo deben compararse dos fósiles o interpretar su anatomía[4].

—Entre 4 o 5 millones de años y 1 millón de años, aparece en lugares diversos de África y tal vez de Asia, el más probable antecesor del ser humano: el Australopiteco, que se caracteriza por una avanzada hominización en la dentadura y en el aparato locomotor, y su capacidad craneana era semejante a la de los simios antropomorfos.

—El Homo habilis, vivió hace 2 millones de años o 1.500.000 años, poseía una capacidad craneana superior a la del australopiteco y fabricaba utensilios.

—El Homo erectus, entre 1,7 a 0,2 o 0,15 millones de años. Estuvo presente en el antiguo continente, parece más evolucionado, al igual que su cultura, la del Paleolítico inferior.

---

[3] Cf. J. RIES (coord.), *Tratado de antropología de lo sagrado I. Los orígenes del homo religiosus* (Editorial Trotta, Valladolid 1995) 157.

[4] Cf. M. ARTIGAS, *Las fronteras del evolucionismo* (Ediciones Universidad de Navarra, Pamplona 2004) 55.

—El Homo sapiens arcaico, entre 150.000 y 40.000 años antes de nuestra era, está representado por individuos que evolucionaban hacia el hombre de Neandertal o por el típicamente neandertaliense y su cultura fue la del Paleolítico medio.

—El Homo sapiens sapiens o tipo humano moderno, asentado en toda la tierra hace 40.000 o 35.000 años, su cultura fue la del Paleolítico superior, hasta hace unos 10.000 años, cuyas distintas etapas se designan por los nombres de las regiones europeas en las que se desarrollaron: Perigordiense (Chatelperroniense, Auriñaciense, Gravetiense), Solutrense, Magdaleniense, y Aziliense.

—El Homo floresiensis, recientemente se ha identificado como una nueva especie del género Homo, que vivió en la isla indonesia de Flores hasta hace sólo 13.000 años y cuyos restos se hallaron en Liang Bua, una gran cueva del oeste de la isla. Por otro lado, aunque semejante a los primeros homínidos, en cuanto a las reducidas dimensiones corporales y cerebrales, parece que fabricó útiles líticos complejos. Se añade así una nueva rama al árbol evolutivo de la familia de los homínidos. Algunos opinan que desciende del Homo erectus, otros sostienen que podría tratarse de un Homo sapiens u Homo erectus afectado por una patología o quizás un descendiente de los anteriores y mas primitivos Homo habilis o Australopiteco[5].

Sólo puede afirmarse la humanización si se conservan residuos culturales, pero cuanto más nos remontamos en el tiempo, son más fragmentarios e inseguros y menos numerosos por la acción corrosiva del tiempo. Según Manuel Guerra desde el punto de vista de la Historia de las Religiones *"la cuestión de la posible religiosidad sólo puede plantearse respecto al paleolítico superior o reciente, es decir, a la época del arte rupestre parietal (paries, parietis = «pared» en latín) y mobiliar (instrumentos movibles, muebles), no anterior al 30.000 a.C., aunque haya restos aislados anteriores"*[6].

Por otra parte, habría que decir que la carencia de material religioso no implica la ausencia de la religión en un período determinado. Los restos hallados hasta ahora excluyen la posibilidad de concluir cualquier afirmación o negación respecto de la postura religiosa de los seres humanos verdaderamente primitivos y primeros de la tierra, aunque se supone el sentido religioso del ser humano porque, en cuanto racional, conoce o puede conocer al o a lo Trascendente, así como su religación respecto de él y sus consiguientes manifestaciones[7].

---

[5] Cf. K. Wong, "Controversia en torno al hombre de Flores": *Temas Investigación y Ciencia* 44 (2006) 34-44.

[6] M. Guerra Gómez, *Historia de las Religiones* (Biblioteca de Autores Cristianos, Madrid ²2010) 73.

[7] Cf. *ibid.*, 73-74.

Del paleolítico superior o reciente sólo se han conservado y son conocidas como fuentes de religiosidad algunas osamentas ligeramente trabajadas, utensilios de piedra, hueso, algunos petroglifos, grabados, pinturas rupestres, estatuillas, algunos enterramientos, etc. El arte rupestre, el hecho sobre las paredes rocosas de las cuevas, es la fuente principal del conocimiento de los autores.

Se afirma la capacidad religiosa de los artífices del arte rupestre, con el enunciado de unas cuantas realidades, cuyo desarrollo puede verse en un estudio de Manuel Guerra[8]:

1. De los seres somáticos, sólo el ser humano es capaz de religiosidad, y lo es en virtud de su racionalidad.

2. La racionalidad de los artistas rupestres se deduce al trasluz de su mismo arte: por su calidad y perfección artística, reproducción del tiempo y del espacio, capacidad de abstracción y capacidad habladora.

En el contexto paleolítico, los principales síntomas del cuidado o trato especial de los cadáveres son[9]:

— La existencia de instrumentos líticos, puede atribuirse a la creencia en la supervivencia de los enterrados o algo suyo, entendida al modo de su existencia terrena, con los mismos utensilios presentes a modo simbólico en la sepultura. Los

[8] Cf. *ibid.*, 82-84.
[9] Cf. *ibid.*, 84-87.

alimentos junto a los cadáveres confirman esta concepción, que es interpretada como la prolongación del sustento tras la muerte.

— La decapitación, la inhumación, la descarnación y fragmentación de los huesos se atribuyen a ritos funerarios.

— Los restos humanos pintados de ocre rojo o enterrados sobre pintura, a veces tierra ferruginosa, de ese color. La interpretación tradicional y más generalizada relaciona el color rojo con la sangre y lo considera como símbolo de la vida.

— La posición fetal de los cadáveres es un posible reflejo del nacimiento a una nueva forma de vida. Estos datos convergen en la creencia de que algo humano subsiste tras la muerte.

Finalmente, según Manuel Guerra *"la clave «telúrica» es la que permite abrir la caja fuerte del arte rupestre"*[10]. Algunos elementos esenciales de esta clave son[11]:

— La diosa madre Tierra: En el neolítico, que hunde sus raíces en el paleolítico, prevaleció la conceptualización y figuración de la divinidad femenina, madre y telúrica: la diosa madre Tierra en contraste con la posterior masculina, padre y celeste.

— En la cueva de la madre Tierra: En ocasiones, el ser humano paleolítico, sobre todo en las épocas

[10] *Ibid.*, 88.
[11] Cf. *ibid.*, 88-92.

más frías, de ordinario nacía en las cuevas, en ellas vivía y era sepultado.

— Representación figurativa de la diosa madre Tierra: Las estatuillas llamadas «Venus» paleolíticas, que acentúan su relación con la fecundidad, tienen acentuados los órganos sexuales primarios y secundarios. La interpretación más generalizada las relaciona con la fecundidad y las llama «madres», «diosas madres», gráficamente «diosas sin rostro». Fiorenzo Facchini dice, citando a Graziosi, que *"la exaltación de los caracteres vinculados con la fecundidad y la procreación, el constante repetirse en Europa de ese interés, que se manifiesta en cánones estéticos casi idénticos, hacen pensar en una difusión de creencias religiosas concretas"*[12].

— Representación abstracta de la diosa madre Tierra: El triángulo inverso es la figuración abstracta de lo representado por las «Venus» paleolíticas y por los relieves femeninos, que reaparece en las estatuas femeninas postpaleolíticas. Aquí está presente la idea de la fecundidad y la veneración de la diosa Madre en sintonía con su mentalidad y religiosidad telúricas.

— Representación teriomórfica o animal: El afán por resaltar la diferencia del ser humano respecto de la divinidad, la vinculación de la tierra y de lo telúrico con los animales y la superioridad de no

[12] F. Facchini, *Y el hombre apareció sobre la tierra. ¿Creación o evolución?* (Ediciones Palabra, Madrid 2007) 96.

pocos animales sobre el ser humano en cuanto fuerza, velocidad u otras causas del teriomorfismo de lo divino inclinaron a los veneradores de la diosa madre Tierra durante el neolítico y períodos posteriores a su representación teriomórfica.

— Representación antropomórfica o humana: Las figuras humanas son escasas en el paleolítico, pero no tanto en el postpaleolítico. Los antropomorfos pintados o grabados han sido interpretados principalmente como chamanes, magos, brujos y hechiceros; como reproducción de su danza ritual y también como un hombre disfrazado de animal para no ahuyentarlos en sus prácticas y caza mágica. Manuel Guerra se inclina a concederles categoría divina, y finaliza diciendo que *"la interpretación religiosa del arte rupestre parte del significante (figura animal y antropomórfica, signo: triángulo, etc.) y de su significado (un animal concreto, su especie, la fecundidad humana en el triángulo inverso, etc.), constitutivos del signo en el plano profano. Este signo se convierte en transignificante con su transignificado (diosa madre Tierra, etc.) en el plano metafísico, religioso. Es un fenómeno presente de un modo u otro en todas las religiones"*[13].

En definitiva, siguiendo a Fiorenzo Facchini, quien admite la evolución no puede negar la existencia de una esfera espiritual y es llevado a reconocerla en las manifestaciones de la cultura humana que deno-

[13] GUERRA GÓMEZ, *Historia de las Religiones*, 92.

tan capacidad abstractiva[14]. Dado que sólo puede afirmarse la humanización si se conservan residuos culturales, la cuestión de la posible religiosidad sólo puede plantearse respecto al Homo sapiens sapiens, cuya cultura fue la del Paleolítico superior, es decir, a la época del arte rupestre parietal y mobiliar, no anterior al 30.000 a.C. Sin embargo, hay que tener en cuenta que la carencia de material religioso no implica la ausencia de la religión en un período determinado y que se puede suponer el sentido religioso del ser humano porque, en cuanto racional, el ser humano se plantea y se ha planteado la relación o religación con un Ser Absoluto.

2.1.2. Desde la fenomenología de la religión

La fenomenología de la religión intenta mediar entre las ciencias empíricas y las normativo-especulativas de la religión. Nace con una fuerte vocación unificadora, de tal modo que tiene, *"los pies en las ciencias y la cabeza en la filosofía"*[15].

J. Martín Velasco define la fenomenología de la religión como la interpretación descriptiva y no normativa del hecho religioso a partir de sus innumerables manifestaciones, que trata de comprender su estructura significativa y la ley que rige su desarrollo, y se presen-

[14] Cf. F. FACCHINI, *Los orígenes del hombre y la evolución cultural* (Editorial San Pablo, Madrid 2007) 232.

[15] J. L. SÁNCHEZ NOGALES, *Filosofía y Fenomenología de la Religión* (Ágape 32; Ediciones Secretariado Trinitario, Salamanca 2003) 42.

ta como ciencia sistemática que posibilita el discernimiento de la religión desde los datos recogidos por la historia y las ciencias afines[16].

J. L. Sánchez Nogales presenta, siguiendo a Martín Velasco, tres elementos capaces de articular una introducción a la fenomenología de la religión, que se los conoce como «orden» de la fenomenología, estos son[17]:

1. El polo teológico de la religión:

— Lo sagrado como ámbito: Puede definirse como *"orden o ámbito de la realidad en el que se inscriben los hechos religiosos particulares"*[18]. Al definirlo como orden o ámbito de la realidad se entiende[19]:
  - — Que existe como «propiedad trascendental» de todo lo religioso.
  - — Que el carácter religioso de una realidad se constituye por relación a ese ámbito.
  - — Que las realidades mundanas no cambian en su esencia físico-empírica al inscribirse en este orden de lo sagrado.
  - — No «es» una realidad físico-empírica, «se hace presente» en ella, como soporte objetivo, tras-

[16] Cf. J. Martín Velasco, *Introducción a la Fenomenología de la Religión* (Ediciones Cristiandad, Madrid [4]1987) 65-67.
[17] Cf. Sánchez Nogales, *Filosofía y Fenomenología de la Religión*, 335.
[18] *Ibid.*, 340.
[19] Cf. *ibid.*, 340.

cendiendo las realidades en su dimensión empírica.

— Es anterior a la difracción sujeto-objeto, expresándose en aspectos subjetivos y objetivos.

M. Eliade, lo expresa de un modo sintético:

"Como hemos dicho ya, si se venera una piedra sagrada, es porque es sagrada y no porque sea piedra; la sacralidad manifestada a través del modo de ser de la piedra es la que revela su verdadera esencia. Así no puede hablarse de «naturalismo» o de «religión natural» en el sentido dado a estas palabras en el siglo XIX, pues es la «sobrenaturaleza» la que se deja aprehender por el hombre religioso a través de los aspectos «naturales» del mundo"[20].

Las características que delimitan y revelan la presencia del orden de lo sagrado, se podrían establecer en tres proposiciones[21]:

— Ruptura de nivel: Es un término acotado por M. Eliade para designar la ruptura de la homogeneidad entre la realidad en cuanto profana y la misma en cuanto sagrada.

— Referencia a la transcendencia: El contacto con el mundo de lo sagrado remite al sujeto religioso a un orden de realidad transcendente.

---

[20] M. ELIADE, *Lo sagrado y lo profano* (Editorial Labor, Barcelona [7]1988) 102.

[21] Cf. SÁNCHEZ NOGALES, *Filosofía y Fenomenología de la Religión*, 342-343.

— Experiencia de definitividad, ultimidad, totalidad, orden y firmeza: El contacto con el mundo de lo sagrado supone esta experiencia ante la cual todas las realidades de la vida ordinaria pasan a ser penúltimas. Es el mundo de lo único necesario, ante lo cual todas las cosas se reducen a la categoría de añadidura. Se trata del mundo y de la vida del ser humano que, organizados en torno a un nuevo eje, adquieren una nueva dimensión y pasan a constituir un ámbito nuevo.

— El Misterio, realidad que determina la aparición de lo sagrado como ámbito: El término designa la realidad anterior y superior al ser humano que aparece en su espacio vital cuando éste se introduce en el ámbito de lo sagrado y le lleva a una reorganización del conjunto de su mundo y vida[22]. Distintos rasgos lo caracterizan: su superioridad, su trascendencia y su condición de realidad que afecta al sujeto.

Rudolf Otto, lo expresa de la siguiente manera: experiencia del Misterio tremendo y fascinante[23], que son dos componentes de la reacción del sujeto ante la presencia del Misterio. Su presencia le anonada, desconcierta y aterra al sujeto, y al mismo tiempo, le maravilla y fascina. Por eso calificará al Misterio de realidad suprema, sin

---

[22] Cf. MARTÍN VELASCO, *Introducción a la Fenomenología de la Religión*, 304.

[23] Cf. R. OTTO, *Lo santo* (Alianza Editorial, Madrid ²1991) 65.

que este término constituya una definición del mismo. Frente a Él, el ser humano se descubre a sí mismo como pecador. Desde esa experiencia invocará al Misterio como santidad y dignidad augusta. El ser humano tiene la conciencia de que el Misterio representa para él la absoluta trascendencia.

Esta trascendencia, se hace presencia interpelante que interviene en el mundo del ser humano y en su vida afectándole de manera incondicional y su presencia no puede tener otro origen que una iniciativa suya totalmente gratuita.

2. El polo antropológico:

— El sujeto religioso, su actitud religiosa y los actos concretos en que se expresa: La reacción que hace del ser humano un sujeto religioso, es una actitud compuesta de dos rasgos: reconocimiento del Misterio y búsqueda de la propia salvación en él.

El reconocimiento del Misterio exige del ser humano una actitud de abandono de sí, de entrega confiada de sí mismo en sus manos y supone su total «trascendimiento». La aparición del infinito no supone una barrera que encierre al ser humano, sino la ruptura de las barreras que supone el carácter finito del mundo. Por eso, al mismo tiempo que abandono confiado, la relación religiosa es actitud salvífica.

La idea religiosa de salvación comporta tres elementos: La situación de mal de la que la salvación viene a liberar, la concesión al ser humano de una perfección plena y definitiva y la salvación religiosa que tiene como agente un ser superior al ser humano, por lo que el ser humano se salva en virtud de la intervención de un salvador que viene de lo alto.

Hay expresiones de todo tipo en que el ser humano manifiesta su actitud interior de acatamiento y de adoración de ese Misterio.

3. El polo relacional:

— Configuraciones histórico-empíricas de la religión y de lo divino: El ser humano ha expresado en el tiempo su vivencia de lo sagrado bajo formas diferentes, esto se debe a la multiplicidad de religiones históricas que los especialistas clasifican en dos grandes esquemas[24]:

El primero es el esquema fenomenológico, que da importancia a la representación del modo de relacionarse el ser humano con el Absoluto desde el mundo en que vive. Se clasifican en:

- — Religiones profética y sapiencial: En la profética, la verdad última se adquiere por medio de la palabra de Dios, que se vale de personas privilegiadas para comunicarla y darla a conocer. En la sapiencial, reflexionando sobre la

[24] Cf. De Sahagún Lucas Hernández, *Fenomenología y Filosofía de la Religión*, 143-145.

realidad, el ser humano adquiere conocimiento del sentido último de la vida y de la historia, abriéndose a Dios y a sus designios.

— Religiones politeísta, henoteísta y monoteísta: La politeísta se basa en la representación de la divinidad que ve encarnada en entidades superiores distintas, correspondientes a fuerzas de la naturaleza deificadas. La henoteísta confiere primacía a una de estas divinidades sobre las demás por razones de orden local, nacional y político. La monoteísta sólo reconoce un Dios único trascendente y personal, autor del mundo, creador y salvador del ser humano.

— Religiones mística y personalista: En la mística, Dios lo es todo para el ser humano, mientras que el individuo en la unión con el Absoluto es absorbido por completo. La personalista, a la vez que reconoce la suprema soberanía de Dios, el sujeto humano que se relaciona con la divinidad no pierde su individualidad.

El segundo es el esquema sociológico, que presenta una nueva clasificación de las religiones, desde su estructura social. Son las siguientes:

— Religiones tribal y universal: En la tribal, el individuo alcanza la salvación por el hecho de su pertenencia natural a un grupo determinado. La universal se extiende a ámbitos supranacionales y supraculturales, cifrando su universalidad en la especificidad humana como tal.

—Religiones primitiva, arcaica, histórica, moderna y postmoderna: La primitiva tiene su fundamento en el mito como forma de expresión de la realidad percibida por intuición o experiencia íntima. La arcaica profesa ya un culto verdadero en el que intervienen los sacrificios y los sacerdotes y en algunos casos se confiere carácter divino a la realeza gobernante. La histórica es conocida por métodos históricos más que por procedimientos arqueológicos y etnológicos y tiene un concepto claro del carácter trascendente de la divinidad. La moderna rechaza el dualismo Dios-mundo y niega a las Iglesias el monopolio de lo sagrado confiando su administración a los miembros de la comunidad. La postmoderna es el retorno a lo sagrado de modo que el culto y la norma prevalecen sobre el compromiso temporal y la encarnación de la fe.

En suma, la actitud religiosa del ser humano en la experiencia religiosa de la realidad divina en su trascendencia radical se percibe como irrupción de una realidad misteriosa distinta de sí misma, que tiene la iniciativa y la interpela.

2.1.3. Desde la antropología filosófica

La antropología filosófica aporta un conjunto de verdades fundamentales sobre la última realidad estructural de la persona humana que ayuden a su mejor comprensión.

Carlos Valverde, citando a Max Scheler, define la antropología filosófica como "*ciencia fundamental de la esencia y la estructura esencial del hombre*"[25].

Asimismo, citando a Jacques Maritain, se aproxima a la realidad de la persona cuando dice:

> "*Persona es el individuo que además es fin en sí mismo, es decir, tiene en sí mismo una finalidad anterior e independiente de la especie y eso por su componente espiritual e inmortal*"[26].

Dentro de los fenómenos específicos de la persona, uno de los más significativos hechos humanos que son irreductibles al psiquismo animal o a comportamientos animales y que por lo tanto postulan otra realidad, es la religión.

El ser humano tiene lo que Viktor Frankl ha llamado «voluntad de sentido», esta expresión significa que el ser humano necesita trascenderse, saber cuáles son las razones últimas de su ser y de su actuar[27]. Esto es tan importante para la vida humana que el no encontrar su sentido último sería influyente en la aparición de los desequilibrios psico-patológicos o de las evasio-

---

[25] C. Valverde, *Antropología Filosófica* XVI (Editorial Edicep, Valencia ²1995) 16.

[26] Id., *Iniciación a la Antropología Filosófica* (Instituto Internacional de Teología a Distancia, Madrid ³1999) 17.

[27] Cf. V. Frankl, *Ante el vacío existencial: Hacia una humanización de la psicoterapia* (Editorial Herder, Barcelona 2003) 72.

nes. El ser humano no tolera el «vacío existencial»[28]. La historia antigua muestra cómo en distintas partes de la tierra, marcadas por culturas diferentes, brotan las preguntas de fondo que caracterizan el recorrido de la existencia humana: ¿quién soy?, ¿de dónde vengo y a dónde voy?, ¿por qué existe el mal?, ¿qué hay después de esta vida? Son preguntas que tienen su origen en la necesidad de sentido que solicita el corazón del ser humano[29].

Hacerse estas preguntas es ya un planteamiento religioso, porque lo que el ser humano exige cuando se hace esas preguntas es saber dónde puede encontrar el sentido de la realidad de la existencia. El ser humano es un ser insatisfecho y tiende incoerciblemente a la felicidad.

Albert Einstein afirmó que cuando una persona ha encontrado respuesta al sentido de la vida es una persona religiosa[30]. Viktor Frankl, citando a Paul Tillich, ofrece esta definición: *"Ser religioso significa plantearse apasionadamente la pregunta del sentido de nuestra existencia"*[31], y también, citando a Ludwig Wittgenstein, escribe: *"Creer en Dios significa ver que la vida tiene un sentido"*[32]. La autoconciencia humana

---

[28] Cf. *ibid.*, 4.
[29] Cf. JUAN PABLO II, FR 1.
[30] Cf. A. EINSTEIN, *Mis ideas y opiniones* (Biblioteca de los Grandes Pensadores; RBA Coleccionables, Barcelona 2002) 120.
[31] FRANKL, *Ante el vacío existencial: Hacia una humanización de la psicoterapia*, 102.
[32] *Ibid.*, 102.

si no se la reprime como hacen algunos agnósticos contemporáneos, remite siempre a la trascendencia[33].

Lo religioso y la religión es connatural a la persona y no existe en absoluto en los animales. Se podría decir que el ser humano es un peregrino del Absoluto. Max Scheler escribe:

> *"Esta esfera de un Ser Absoluto pertenece a la esencia del hombre tan constitutivamente como la conciencia de sí mismo y la conciencia del mundo... La conciencia del mundo, la conciencia de sí mismo y la conciencia de Dios forman una indestructible unidad estructural"*[34].

El ser humano se plantea y se ha planteado desde sus orígenes, la relación o religación con un Ser Absoluto, esto no se puede dar en los animales. Los etnólogos, que han estudiado las costumbres de los pueblos primitivos, se han encontrado con que todos los pueblos tenían planteamientos religiosos análogos. La actividad simbólica con que los seres humanos han buscado una trascendencia es la misma.

2.2 La definición de «religión»

La religión es una realidad y concepto complejos. La palabra «religión» es universal y comprende tanto la

---

[33] Cf. E. Tierno Galván, *¿Qué es ser agnóstico?* (Editorial Tecnos, Madrid [6]2000) 9-26.

[34] M. Scheler, *El puesto del hombre en el cosmos* (Biblioteca de Obras Maestras del Pensamiento 40; Editorial Losada, Buenos Aires 2003) 122-123.

dimensión subjetiva e interior como la exteriorización personal y la objetivada.

2.2.1. La definición etimológica

Trata de decir lo constitutivo de la «religión» desde el étimo de la palabra «religión», derivada del latín *religion(em)*, acusativo singular de *religio*.

La etimología de la palabra religión ha sido discutida. Según Joaquín Ferrer, tres son las principales versiones de la misma[35]:

- *Relegere*, «volver a leer, leer con atención, observar escrupulosamente», según Cicerón en *De Natura Deorum*, "*expresa que la religión es aquello que nos obliga a ocuparnos de las cosas divinas; a atender al Numen Superior, refiriéndose a Dios como Ser Supremo*"[36].
- *Religare*, «volver a ligar, atar», es la propuesta de Lactancio, siglo III-IV d.C., en su *Defensa de los Mártires*, la religión se entiende como un lazo de unión entre las personas o entre las personas y Dios.
- *Religere* (*re-eligere*) «volver a elegir y, también, volver a escoger» a Dios de quien el ser humano se había separado por el pecado, dice San Agustín, siglo IV-V d.C., en su obra *De Civitate Dei*.

[35] *Cf.* J. FERRER, *Filosofía y Fenomenología de la Religión. Cristianismo y religiones* (Albatros; Ediciones Palabra, Madrid 2013) 49.
[36] R. D. FERRERES (dir.), *Enciclopedia de la Religión Católica* VI (Ediciones Dalmau y Jover, Barcelona 1954) 586.

El término religión lo reserva para la «verdadera religión», que depende de la revelación proporcionada en la dispensación judeo-cristiana, ésta es "*el camino de toda vida buena y bienaventurada debe hallarse en la verdadera religión, en la que un solo dios es adorado y reconocido con la más pura piedad como el comienzo de todas las cosas, y que da origen, perfecciona y contiene al universo*"[37].

Estas tres versiones, no dejan de sugerir algún fundamento en la realidad del hecho religioso[38], sobre todo religare.

Recogiendo estas etimologías, Santo Tomás de Aquino entiende la religión como un orden a Dios: "*A Él, en efecto, es a quien principalmente debemos ligarnos como a principio indefectible; a Él, como a fin último, debe tender sin interrupción nuestra elección; y después de haberlo rechazado pecando, debemos recuperarlo creyendo y atestiguando nuestra fe*"[39].

2.2.2. La definición real

La definición de «religión» ha sido precisada por los autores a través de los tiempos y a veces se ha deformado o negado dicho sentido fundamental. Para los

---

[37] P. SCHRODT, "Religión", en: *Diccionario de San Agustín* (Burgos 2001) 1136.

[38] Cf. FERRER, *Filosofía y Fenomenología de la Religión. Cristianismo y religiones*, 49.

[39] J. A. MARTÍNEZ PUCHE, *Diccionario teológico de Santo Tomás* (Documentos y textos 13; Editorial Edibesa, Madrid 2003) 744.

materialistas antiguos como Lucrecio, la religión significaba «temor». Entre los griegos, la religión se entendía sobre todo como un culto especial. *"Religio parece ser, en latín, de una manera general, el sentimiento a la vez temeroso y rígido de una obligación hacia los dioses"*[40]. Tácito habla de la religión de los templos y al igual que Cicerón, nos habla de la religión de la vida.

El cristianismo, da un sentido justo y profundo de la *religio*, sabiendo adoptar en el decurso del tiempo los sentidos de las consideraciones de autores paganos. San Jerónimo, en sus *Comentarios*, dice que la religión *"ata y une a las criaturas con el Señor"*[41]. Así se coordinaba la significación etimológica con el sentido real.

Manuel Guerra para llegar a la definición real de «religión» en todas sus modalidades distingue tres como círculos concéntricos[42]:

— En sentido estricto o más propio: La religión es el conjunto de creencias, celebraciones y normas ético-morales por las que el ser intelectual reconoce, en clave simbólica, su vinculación con lo divino en la vertiente subjetiva, esto es el reconocimiento interior de lo divino y de la religación del ser humano con ello, y objetivada o exteriorizada en la persona por gestos oracionales, palabras, acciones y danzas sagradas; y en obras externas que subsisten al margen de su autor con altares, templos, estatuas, etc.

---

[40] Ferreres, *Enciclopedia de la Religión Católica*, 587.
[41] *Ibid.*, 587.
[42] Cf. Guerra Gómez, *Historia de las Religiones*, 26-40.

— En sentido amplio y más inadecuado: La religión es una realidad o institución en la cual hay que creer en un sistema de verdades, cumplir un conjunto de normas ético-morales y celebrar unos ritos, aceptándose una trascendencia y supervivencia del ser humano o de algunos de sus elementos constitutivos tras la muerte.

— En sentido metafórico: Aquí están las religiones políticas, profanas, nuevas formas de religión, etc. Son «religiones alternativas», donde la palabra «religión» tiene de ordinario un valor metafórico, pero para otros puede ser una religión en el sentido amplio o en el estricto.

Según Manuel Guerra pueden distinguirse[43]:

1. Religiones políticas:

— Activistas: Recurren al activismo para cambiar la sociedad: socialismo, fascismo, nacionalismo, terrorismo, etc. Según José María Mardones, se puede, con afanes tipológicos elementales, distinguir entre el ritual político, el bélico y el lúdico[44]:

  — El ritual político cuenta con la sacralización de signos como la bandera, el himno, las onomásticas de sus principales representantes, la conmemoración de efemérides nacionales, sus

[43] Cf. *ibid.*, 38-40.

[44] Cf. J. M. Mardones, *Para comprender las Nuevas Formas de Religión* (Editorial Verbo Divino, Navarra 1994) 78.

banquetes de confraternización, la mitificación de un pasado más o menos brillante, etc.

— El ritual bélico destaca en los momentos de confrontación con otro Estado nacional.

— El ritual lúdico de esta sacralización de lo político va desde las reivindicaciones folclóricas hasta las competiciones deportivas.

— Pasivas: Dicen que hay que mejorar y salvar la sociedad, condenada al desastre: ecologismo, pacifismo, anarquismo, etc. Los adeptos proponen como remedio la movilización contemplativa de la naturaleza, la resistencia pasiva al sistema y situación establecidos en orden a evitar la contaminación, el belicismo, etc.

2. Religiones narcisistas:

Se encierran narcisistamente en el individuo, marginando la preocupación por los demás, el bien común y el entorno ecológico. Son formas que tienen con la religión sólo una semejanza externa.

— Activistas: Se esfuerzan en alcanzar el éxito en la salud, el culto del cuerpo con sus «rituales» (maquillaje, cirugía estética, gimnasio, masajes, grupos corporales de potencial humano, *running*, yoga, concursos de belleza, dietética como naturalización).

— Contemplativas o pasivas: Procuran la «salvación» personal sin nada costoso a cambio (arte, moda, juegos de azar y cierta clase de música y libertad sexual que a menudo se junta con el alcohol, las drogas, la velocidad automovilística y la violencia).

A veces se da ignorancia sobre la existencia de Dios por las circunstancias de la vida e historia o se ha inculcado la convicción de que la religión es algo superado e irreversible. Por el contrario, a veces consciente y deliberadamente se toma una actitud al margen de Dios o contra Dios. Como diría M. Blondel: "*El hombre aspira a ser Dios. El dilema es éste: ser dios sin Dios y contra Dios o ser dios por Dios y con Dios*"[45]. Pero quien profese no ser religioso, no aceptando la religión tradicional, elaborará su propia religión alternativa. "*El hombre es un ser en relación..., que busca la verdad..., y que vive de creencias*"[46].

La religiosidad alternativa y la historia de las religiones son dos confirmaciones de la connaturalidad de lo religioso en el ser humano. La religión pertenece a la estructura del ser racional. El ser humano es un ser de creencias, también de las religiosas.

2.3. La pluralidad religiosa

La persona tiene conciencia de su ignorancia, impotencia, limitación, temporalidad y añora lo que le falta y lo busca de maneras diversas, aquí subyace la nostalgia de plenitud.

---

[45] M. Blondel, *La acción (1893). Ensayo de una crítica de la vida y de una ciencia de la práctica* (Biblioteca de Autores Cristianos, Madrid 1996) 404.
[46] Juan Pablo II, FR 21-31.

La pregunta por el sentido de la vida es una pregunta religiosa. Sólo el ser humano experimenta la necesidad de dar un sentido a su vida y se inquieta por la muerte y la posibilidad de otra vida, porque es el único que sabe que va a morir. Albert Einstein decía sobre el sentido de la vida:

> *"¿Qué significado tiene la vida del hombre, o, en realidad, la de cualquier criatura? Tener una respuesta a esta pregunta significa ser religioso. Tú preguntas: ¿Tiene algún sentido, pues, plantear esta pregunta? Yo contesto: Aquel que considera su vida y la de sus semejantes carente de sentido, no sólo es desdichado sino poco hecho para la vida"*[47].

La trascendencia humana nos abre las puertas del hecho religioso. El ser humano busca fundamento ontológico explicativo de su existencia. Dios se presenta como horizonte absoluto e ilimitado del ser, de la verdad y del bien, donde se mueve el ser humano como espíritu finito. Es la última realidad que da un sentido definitivo a la vida[48]. Viktor Frankl ha demostrado que, en las sociedades actuales, el problema más preocupante es si la vida tiene o no un sentido último que no la haga naufragar en la nada[49].

Y es que el último y definitivo problema del ser humano es el problema de Dios. Zubiri ha señalado, que a nadie se le oculta la gravedad del problema de Dios.

---

[47] EINSTEIN, *Mis ideas y opiniones*, 120.

[48] Cf. VALVERDE, *Iniciación a la Antropología Filosófica*, 201.

[49] Cf. FRANKL, *Ante el vacío existencial: Hacia una humanización de la psicoterapia*, 78-82.

"La posición del hombre en el universo, el sentido de su vida, de sus afanes y de su historia, se hallan internamente afectados por la actitud del hombre ante este problema. Ante él pueden tomarse actitudes no solamente positivas, sino también negativas; pero en cualquier caso el hombre viene íntimamente afectado por ellas... un saber sin el cual la vida tomada en su íntegra totalidad aparecería carente de sentido... En medio de la agitación de nuestro tiempo, puede afirmarse, si miedo a errar, que por afirmaciones o por negaciones o por positivas abstenciones, nuestra época, queriéndolo o sin quererlo, o hasta queriendo todo lo contrario, es quizá una de las épocas que más sustancialmente viven el problema de Dios"[50].

Es propio del ser humano ser un buscador del Absoluto. Tomás de Aquino señalaba que:

"El fin último del hombre y de toda sustancia intelectual se llama felicidad o bienaventuranza; pues esto es lo que desea como fin último toda sustancia intelectual, y lo desea de por sí. En consecuencia, la bienaventuranza y felicidad última de cualquier sustancia intelectual es conocer a Dios"[51].

Esa búsqueda de Dios se aquietará con su encuentro y posesión de las palabras de San Agustín: "Nos

---

[50] X. ZUBIRI, *Naturaleza, historia, Dios* (Alianza Editorial, Madrid [9]1987) 395-396.

[51] SANTO TOMÁS DE AQUINO, *Suma contra los gentiles* II (Biblioteca de Autores Cristianos, Madrid [2]1967) 151.

criasteis para Vos, y está inquieto nuestro corazón hasta que descanse en Vos"[52].

La trascendencia de Dios lleva a la imposibilidad que nuestro conocimiento pueda alcanzar lo que Dios es. El entendimiento creado tiene su origen en los sentidos y sólo alcanza lo sensible, así que no puede ver con sus fuerzas naturales la esencia divina[53].

Aunque no es posible un conocimiento comprehensivo de lo que es Dios, el ser humano puede tener un conocimiento verdadero de Dios. Según Ángel Luis González, los diversos modos del conocimiento de Dios serían[54]:

1. Por las solas fuerzas de la razón:

— Modo precientífico o espontáneo: Las personas pueden llegar al conocimiento de Dios por una deducción espontánea. La humanidad siempre ha tenido una cierta noción de Dios.

— Modo científico o filosófico: No se trata de un conocimiento exhaustivo, se llega a conocer a Dios como causa primera de los entes y una serie de perfecciones y atributos que lleva consigo, este conocimiento de Dios debe ser por la forma de las criaturas en cuanto son efectos de la causa primera que es Dios y la inteligencia humana

[52] SAN AGUSTÍN, *Confesiones* (Austral 1199; Espasa Calpe, Madrid [9]1980) 21-22.
[53] Cf. SANTO TOMÁS DE AQUINO, *Suma Teológica* I (Biblioteca de Autores Cristianos, Madrid [3]1964) 495.
[54] Cf. A. L. GONZÁLEZ, *Teología Natural* (Ediciones Universidad de Navarra, Pamplona [6]2008) 18.

pueden conocer también de Dios su relación con las criaturas, la diferencia entre las criaturas y Él, etc. Es conveniente resaltar, que de Dios conocemos más lo que no es que lo que es.

2. Modo sobrenatural:

— Por la fe (*lumen fidei*): La fe da un conocimiento de Dios más alto que el de la razón natural, ya que le conocemos por la manifestación que ha hecho de sí mismo por medio de la revelación. La Constitución Dogmática *Dei Verbum* del Concilio Vaticano II habla en estos términos de la revelación: El Dios invisible, movido por su amor, habla a los seres humanos como amigos y trata con ellos, para invitarlos y admitirlos a la comunión consigo[55].

— Por visión (*lumen gloriae*): Es conocerlo cara a cara, por experiencia. Las sociedades actuales son o se están transformando en sociedades plurirraciales, plurilingüísticas, pluriculturales y plurirreligiosas. La denominación de la pluralidad de religiones habla de «religiones» en plural, no de «religión». Es una realidad evidente, que hunde sus raíces, por una parte, en la naturaleza del ser humano, en las limitaciones de la mente humana, que le incapacitan para conocer lo divino a no ser por analogía, y, por otra, en la infinitud divina.

[55] Cf. Concilio Vaticano II, DV 2.

La realidad está imponiendo el convencimiento de que, en las sociedades pluralistas actuales, no es posible conocer la propia religión, sin conocer a las demás religiones[56]. J. Martín Velasco dice, citando a M. Müller, quien sólo conoce una religión, no conoce ninguna; más aún: para él, el único medio de llegar a un conocimiento profundo de la propia religión es el conocimiento de las demás religiones y se hace imprescindible el estudio de la historia de todas ellas y de sus múltiples manifestaciones[57].

También cita a Goethe, que lo decía de las lenguas y actualmente se suele decir sobre todo aplicándolo a las religiones[58].

La realidad histórica nos ofrece muchas religiones. Según Manuel Guerra, las causas de esta multiplicidad de religiones son[59]:

— La infinitud de la divinidad y la finitud del ser humano, incapaz de conocer lo divino sino por analogía, porque hay una analogía entre las criaturas y Dios: hay una semejanza entre Dios y las criaturas y al mismo tiempo una desemejanza. De acuerdo con el punto de partida de ésta, la divinidad será representada de una forma u otra.

[56] Cf. Guerra Gómez, *Historia de las Religiones*, 50.
[57] Cf. Martín Velasco, *Introducción a la Fenomenología de la Religión*, 14.
[58] Cf. *ibid.*, 14.
[59] Cf. Guerra Gómez, *Historia de las Religiones*, 50-52.

— El conocimiento de lo divino y las creencias religiosas pueden ser alterados por la voluntad, el mal uso de la libertad y la incoherencia práctica.

— Lo religioso está sometido a los condicionamientos socioculturales, históricos, etc.

— El influjo del culto tributado a la misma divinidad en diferentes lugares y regiones.

— No puede silenciarse la voz, las enseñanzas y la personalidad de los fundadores de las religiones y lo mismo puede decirse de los nuevos movimientos religiosos.

La religión es la respuesta más convincente a la pregunta sobre el sentido de la vida y la pregunta sobre Dios. La pluralidad religiosa es propia del ser humano, puesto que hunde sus raíces en la infinitud de la divinidad y en la finitud o limitación de la mente humana incapaz de conocer a Dios de modo directo, pleno y propio.

3. DIÁLOGO, VERDAD Y MISIÓN EN EL MAGISTERIO PONTIFICIO CONTEMPORÁNEO

La relación entre el diálogo interreligioso, la cuestión de la verdad y la misión evangelizadora es imprescindible, es decir, es necesaria y no deben separarse los conceptos. El trabajo por un mundo más unido en la pluralidad religiosa es inaplazable.

3.1. El diálogo interreligioso

Uno de los temas que hoy son de máxima actualidad es el diálogo interreligioso. Dado que la realidad histórica nos ofrece muchas religiones, el diálogo interreligioso desde una teología católica debe buscar la verdad para hallarla en el ámbito religioso y promover la dignidad humana. También tenemos que reconocer que, aunque el diálogo interreligioso es algo urgente y necesario, no es fácil, y es importante prepararse para ello si no queremos caer en equivocaciones y errores.

3.1.1. La significación del diálogo interreligioso

Si hay una palabra que, desde hace veinte años, conoce un desarrollo extraordinario, es la palabra «diálogo», que proviene del griego. Su uso tiende a aplicarse en todos los ámbitos de la existencia humana.

La alteridad es constitutiva del ser humano. Quien cortara su haz interrelacional no sería persona, sino una bestia o un dios[60]. El diálogo parte de la convicción del valor del ser humano como relacionado a Dios y a los otros seres humanos, y como depositario de valores y experiencias capaces de desarrollar a los demás. El ser humano es un ser dialogal por naturaleza, aunque no siempre dialogante. Cada persona puede decir tú y es entonces yo[61].

El diálogo interreligioso se sitúa en el punto de convergencia de dos fenómenos, que son el diálogo, como medio de comunicación, y el encuentro religioso, en todas sus formas. Podemos definirlo como "*intercambio de palabras y escucha recíproca que compromete en pie de igualdad a creyentes de diferentes tradiciones religiosas*"[62]. Esta definición sitúa la especificidad del diálogo interreligioso en la referencia a los creyentes y a sus tradiciones. El diálogo interreligioso

---

[60] Cf. Aristóteles, *Política* (Biblioteca de los Grandes Pensadores; RBA Coleccionables, Barcelona 2003) 10.

[61] Cf. M. Buber, *Yo y tú* (Esprit 1; Caparrós Editores, Madrid 1993) 65.

[62] J. C. Basset, *El diálogo interreligioso* (Religiones en Diálogo 3; Editorial Desclée De Brouwer, Bilbao 2015) 30.

consiste en un encuentro entre dos personas o grupos de diferentes tradiciones religiosas, como personas religiosamente comprometidas, con la intención de enriquecer, profundizar y ampliar la propia vida religiosa a través de la comprensión recíproca de las respectivas convicciones y a través del testimonio[63].

3.1.2. Diálogo e Iglesia

El «diálogo» en la literatura precristiana es un género literario del que se poseen abundantes testimonios, uno de los más renombrados se encuentra en los diálogos platónicos, escritos por Platón, donde expone la teoría filosófica de su maestro, Sócrates, y la suya bajo la forma de expresión del diálogo. El diálogo es visto como un proceso mediado por la razón de preguntas y respuestas en un espacio público donde se critica, pone a prueba, interpela y disputa en un ámbito de libertad. Los primeros autores cristianos han asumido esta forma literaria y la han desarrollado de manera formidable.

En la Edad Media se va profundizando la necesidad de comprender el punto de vista del otro para posibilitar una ampliación, reelaboración, reinterpretación de los horizontes de la propia tradición y la tradición del otro. Esta actitud posibilitará la integración agustiniana y la aristotélica mediante una reelaboración creativa de ambas en el pensamiento de Tomás de Aquino.

---

[63] Cf. M. Dhavamony, *Teología de las Religiones. Reflexión sistemática para una comprensión cristiana de las religiones* (Teología siglo XXI 37; Editorial San Pablo, Madrid 1998) 239.

En la modernidad la subjetividad es el presupuesto fundamental, por lo que se aloja en un sujeto buscador de certezas mediante las reglas de una razón abstracta que aprenderá más a dominar, controlar y predecir el mundo de los objetos que a encontrarse con las otras personas.

En la Edad contemporánea se recupera la búsqueda de la verdad, se insiste en los presupuestos lógicos y procedimentales del diálogo y se hace un cuestionamiento permanente.

En el Concilio Ecuménico Vaticano II, la palabra «diálogo» posee tres raíces[64]:

—Diálogos entre cristianos con el objetivo de la unidad entre los cristianos, es decir, son diálogos ecuménicos.

—La publicación en 1964 de la Carta encíclica *Ecclesiam Suam* por parte de Pablo VI, considerada como la «carta magna» de la actitud de diálogo de la Iglesia católica[65], sitúa el diálogo en la intención misma de Dios[66] y distribuye a la humanidad en tres círculos concéntricos: los seres humanos, los creyentes y los cristianos. En definitiva, son diálogos entre Dios y el mundo, siendo mediador Cristo, donde se expresa el mensaje sobre la salvación.

[64] Cf. K. J. Becker, "Pluralismo religioso y salvación": *Nivaria Theologica* 6 (2007) 261.
[65] Cf. Basset, *El diálogo interreligioso*, 98.
[66] Cf. Pablo VI, ES 28.

—En 1964 Pablo VI constituye el Secretariado para los no-cristianos, que en 1988 se llamó Consejo Pontificio para el Diálogo Interreligioso, el cual establece un diálogo con las religiones no cristianas. El Consejo ha diseñado unos rasgos que considera necesarios para el diálogo interreligioso. Se hallan entre ellos[67]: la conciencia de la identidad de los dos interlocutores, el respeto por el otro y por su identidad religiosa, la convicción de compartir elementos comunes, la persuasión de que el *Evangelio* corresponde a los anhelos profundos de los otros, la paciencia ilimitada para escuchar y tratar de entender al interlocutor, la prudencia para manifestar y exponer gradualmente el mensaje cristiano y la convicción de que este mensaje es dialógico por naturaleza.

El entonces Secretariado para los no cristianos comenzó en 1966 la publicación de un boletín, que desde 1993 lleva el nombre de *Pro Diálogo*. Contienen resúmenes de discursos papales, artículos cuyos autores incluyen representantes de otras religiones, información sobre encuentros interreligiosos y noticias de libros.

La Constitución dogmática sobre la Iglesia, *Lumen Gentium*, menciona a los judíos, musulmanes y no creyentes, para afirmar que nadie está excluido de la salvación[68]. Por otra parte, la Constitución pastoral sobre la Iglesia en el mundo actual, *Gaudium et spes*, con-

[67] Cf. Morales Marín, *Teología de las Religiones*, 235.
[68] Cf. Concilio Vaticano II, LG 16.

cluye con una invitación al diálogo dirigida a todos, creyentes o no creyentes[69].

Se habla de diálogo a propósito del testimonio cristiano en el Decreto *Ad Gentes Divinitus* sobre la actividad misionera de la Iglesia[70], de diálogo de expertos en el Decreto *Unitatis Redintegratio* sobre el ecumenismo[71], así como de intercambio y de diálogo para la búsqueda de la verdad en la Declaración *Dignitatis Humanae* sobre la libertad religiosa[72].

La Declaración *Nostra Aetate* sobre las relaciones de la Iglesia con las religiones no cristianas, dice:

> *"La Iglesia católica no rechaza nada de lo que en estas religiones hay de santo y verdadero. Considera con sincero respeto los modos de obrar y de vivir, los preceptos y doctrinas que, aunque discrepen mucho de lo que ella profesa y enseña, no pocas veces reflejan un destello de aquella Verdad que ilumina a todos los hombres... Por consiguiente, exhorta a sus hijos a que, con prudencia y caridad, mediante el diálogo y la colaboración con los adeptos de otras religiones, dando testimonio de fe y vida cristiana, reconozcan, guarden, y promuevan aquellos bienes espirituales y morales, así como los valores socio-culturales que en ellos existen"*[73].

---

[69] Cf. *Id.*, GS 92.
[70] Cf. *Id.*, AG 11.
[71] Cf. *Id.*, UR 11.
[72] Cf. *Id.*, DH 3.
[73] *Id.*, NA 2.

Ahora bien, como dice el Concilio Ecuménico Vaticano II, ve en ellas esfuerzos humanos por buscar a Dios; que encuentran su plenitud en la religión cristiana[74]. Esto no es una pretensión de superioridad, sino de respeto a la verdad de una religión revelada, como es la cristiana, la única verdadera[75], decía Pablo VI en la Carta encíclica *Ecclesiam Suam*.

El *Magisterio de la Iglesia* posterior al Concilio Ecuménico Vaticano II, se ha ocupado reiteradas veces de las religiones no cristianas, especialmente como consecuencia de algunas propuestas teológicas en torno a las relaciones entre la fe cristiana y las religiones. Junto a los documentos también se deben mencionar los encuentros interreligiosos por la paz, celebrados en Asís, por iniciativa de Juan Pablo II en 1986 y 2002, Benedicto XVI en 2011 y Francisco en 2016.

En cuanto a las intervenciones magisteriales, en 1975 Pablo VI publica la Exhortación apostólica *Evangelii Nuntiandi* acerca de la evangelización en el mundo contemporáneo, queriendo poner de relieve que ni el respeto ni la estima a estas religiones, ni la complejidad de las cuestiones planteadas implican para la Iglesia católica una invitación a silenciar ante los no cristianos el anuncio de Cristo[76].

La primera Carta encíclica de Juan Pablo II, *Redemptor Hominis*, afirma que:

---

[74] Cf. *ibid.*, 1.
[75] Cf. Pablo VI, ES 49.
[76] Cf. *Id.*, EN 53.

"el hombre (todo hombre sin excepción alguna) ha sido redimido por Cristo, porque el hombre (cada hombre sin excepción alguna) se ha unido a Cristo de algún modo, incluso cuando ese hombre no es consciente de ello"[77].

En 1988, la Exhortación apostólica postsinodal *Christifideles laici* indica que:

"el diálogo entre las religiones tiene una importancia preeminente, porque conduce al amor y al respeto recíprocos, elimina, o al menos disminuye, prejuicios entre los seguidores de las distintas religiones, y promueve la unidad y amistad entre los pueblos"[78].

La publicación en 1990 de la Carta encíclica *Redemptoris Missio* sobre la permanente validez del mandato misionero, en los números 55 al 57 sitúa el diálogo dentro de la misión evangelizadora de la Iglesia, también dice que la salvación viene de Cristo y que la Iglesia es el camino ordinario de salvación y sólo ella posee la plenitud de los medios de salvación.

La Carta apostólica *Tertio Millennio Adveniente* como preparación del Jubileo del año 2000, indica que la cercanía de un nuevo milenio brinda una gran oportunidad para el diálogo interreligioso y para encuentros con los líderes de las religiones del mundo.

En 1995, la Exhortación apostólica postsinodal *Ecclesia in Africa* señala como objeto del diálogo el trabajo conjunto por la promoción humana y el de-

---

[77] JUAN PABLO II, RH 14.
[78] *ID.*, ChL 35.

sarrollo, por la justicia y la paz[79]. La especificidad del diálogo interreligioso es tratada en conexión con el islam y la religión tradicional africana.

La Exhortación apostólica postsinodal *Vita Consecrata* sobre la vida consagrada y su misión en la Iglesia y en el mundo, dice que los Institutos de vida consagrada no pueden dejar de comprometerse en el diálogo interreligioso, cada uno según su propio carisma y siguiendo las indicaciones de la autoridad eclesiástica. Juan Pablo II enumera aquí también las modalidades de diálogo entre las que destaca el cultivo de "*oportunas formas de diálogo, en un clima de amistosa cordialidad y de sinceridad reciproca, con los ambientes monásticos de otras religiones*"[80].

En 1999, la Exhortación apostólica postsinodal *Ecclesia in America* indica que:

> "*los católicos rechazan como extraña al espíritu de Cristo toda discriminación o persecución contra las personas por motivos de raza, color, condición de vida o religión. La diferencia de religión nunca debe ser causa de violencia o de guerra. Al contrario, las personas de creencias diversas deben sentirse movidas, precisamente por su adhesión a las mismas, a trabajar juntas por la paz y la justicia*"[81].

La Exhortación apostólica postsinodal *Ecclesia in Asia* fundamenta el diálogo en la Trinidad y en la Encarnación pues:

---

[79] Cf. *Id.*, EAf 66.
[80] *Id.*, VC 102.
[81] *Id.*, EAm 51.

"es parte esencial de la misión de la Iglesia, ya que hunde sus raíces en el diálogo amoroso de salvación que el Padre mantiene con la humanidad, en el Hijo, con la fuerza del Espíritu Santo. La Iglesia sólo puede cumplir su misión de un modo que corresponda a la manera en que Dios actuó en Jesucristo, que se hizo hombre, compartió la vida humana y habló en un lenguaje humano para comunicar su mensaje salvífico. Este diálogo que la Iglesia propone se funda en la lógica de la Encarnación"[82].

La Carta apostólica *Novo Millennio Ineunte*, que es una mirada al futuro de la Iglesia, habla en los números 55 y 56 del gran desafío del diálogo interreligioso, que es un compromiso durante el nuevo siglo.

En 2001, la Exhortación apostólica postsinodal *Ecclesia in Oceania* constata que la inmigración ha conducido a encuentros sin precedentes entre las culturas del mundo. El diálogo y el anuncio se presentan como dos elementos integrantes y formas auténticas de la única misión de la Iglesia, se matiza que ambas están orientadas a la comunicación de la verdad salvífica[83].

La Exhortación apostólica postsinodal *Ecclesia in Europa* dedica tres párrafos al tema de la pluralidad religiosa europea y al necesario diálogo que debe establecerse entre las diversas tradiciones religiosas.

Los dos pontífices, Pablo VI y Juan Pablo II, llevan a la práctica los documentos conciliares, hablan y con-

---

[82] *Id.*, EAs 29.
[83] *Id.*, EOc 25.

tactan con miembros de otras creencias y crean las estructuras necesarias, dentro de los organismos del Vaticano, para la promoción del diálogo[84].

Benedicto XVI, en la Carta encíclica *Caritas in veritate,* que trata sobre la promoción humana integral en la caridad y en la verdad, indica que es importante anunciar y testimoniar que Cristo mismo es la Verdad, aunque pueda desfavorecer al diálogo interreligioso. Para la Iglesia, esta misión de verdad es irrenunciable porque considera que el desarrollo humano necesita a Dios.

En 2010, dedica varios números de la Exhortación apostólica postsinodal *Verbum Domini* a tratar sobre los no cristianos, específicamente en la sección titulada «Palabra de Dios y diálogo interreligioso». Allí recoge las enseñanzas a partir del Concilio Ecuménico Vaticano II, y señala la necesidad de evitar cualquier forma de sincretismo y relativismo[85]. En esas páginas, aborda cuatro temas actuales: el valor del diálogo interreligioso, diálogo entre cristianos y musulmanes, diálogo con las demás religiones y diálogo y libertad religiosa.

La Exhortación apostólica *Africae munus,* promulgada al final del primer decenio de este tercer milenio, indica que la Iglesia promueve el diálogo con el fin

---

[84] Cf. J. GARCÍA HERNANDO (dir.), *Pluralismo religioso en España. III Religiones no cristianas* (Temas Vivos 12; Sociedad de Educación Atenas Centro Ecuménico «Misioneras de la Unidad», Madrid 1997) 566-567.

[85] Cf. BENEDICTO XVI, VD 117.

de que los creyentes aprendan a trabajar juntos para impedir toda forma de discriminación, intolerancia y fundamentalismo confesional. La Exhortación apostólica *Ecclesia in Medio Oriente*, que se publica en 2012, muestra que la convivencia entre religiones no es una utopía, éstas pueden servir al bien común, defender la libertad religiosa y contribuir al desarrollo de la persona y a la construcción de la sociedad.

Benedicto XVI ha afrontado el del diálogo interreligioso fundamentalmente en encuentros con representantes religiosos, políticos y diplomáticos, y durante sus viajes apostólicos. Un puesto particular lo ocupa la peregrinación a Jordania y a Tierra Santa, en la cual ha intervenido en distintas ocasiones ofreciendo una síntesis de cuanto ha dicho hasta el momento sobre el diálogo interreligioso y nuevas perspectivas de interés.

La primera Carta encíclica de Francisco, *Lumen fidei*, señala que la fe en Jesús constituye la aportación propia del cristianismo al diálogo con los seguidores de las distintas religiones.

En 2013, publica la Exhortación apostólica *Evangelii Gaudium* sobre el anuncio del *Evangelio* en el mundo actual, afirmando en el número 250 que "*este diálogo interreligioso es una condición necesaria para la paz en el mundo, y por lo tanto es un deber para los cristianos*"[86] y en el número 251 también afirma que "*la verdadera apertura implica mantenerse firme en las*

[86] Francisco, EG 250.

propias convicciones más hondas, con una identidad clara y gozosa"[87].

En la Carta encíclica *Laudato si´*, que trata sobre el cuidado de la casa común, muestra que las religiones deben entrar en un diálogo orientado al cuidado de la naturaleza.

En 2019, se proclama el Documento *Fraternidad humana por la paz mundial y la convivencia común*, que es una declaración entre la Iglesia católica y al-Azhar que asumen la cultura del diálogo, la colaboración común, el conocimiento recíproco, etcétera.

En la Exhortación apostólica *Querida Amazonia*, indica que los creyentes necesitamos dialogar y actuar juntos por el bien común y la promoción humana, sin esconder la propia identidad.

Por último, en la Carta encíclica *Fratelli tutti,* dedicada a la fraternidad y la amistad social, señala que el diálogo desde la identidad debe estar abierto a la verdad, la cual debe ser inseparable de la justicia y de la misericordia.

3.1.3. Documentos generales de la Iglesia sobre el diálogo interreligioso

Los documentos citados no son el *Magisterio* sino de organismos de la *potestas regiminis* de la Iglesia.

En primer lugar, el documento titulado *Diálogo y Misión*, que quiere hacer una descripción sobre el diá-

---

[87] *Ibid.*, 251.

logo interreligioso. Este documento fue publicado en 1984 por el entonces Secretariado para los no cristianos, según el texto el diálogo interreligioso es la relación interreligiosa positiva y constructiva con personas y otras comunidades de fe para comprenderse y enriquecerse mutuamente.

En 1991 el Consejo Pontificio para el Diálogo Interreligioso juntamente con la Congregación para la Evangelización de los Pueblos publica otro documento: *Diálogo y Anuncio*. El texto se articula en tres partes, que tratan del diálogo, el anuncio y la relación entre ambos.

El *Catecismo de la Iglesia Católica* aprobado por Juan Pablo II en 1992, sitúa el tratamiento del tema de las religiones en un contexto eclesiológico.

La Comisión Teológica Internacional en 1997 elabora el documento titulado *El cristianismo y las religiones*, el texto se articula en cuatro partes, que tratan de la teología de las religiones (*status quaestionis*), los presupuestos teológicos fundamentales presentados con un esquema trinitario (la iniciativa del Padre en la salvación, la única mediación de Jesús y la universalidad del Espíritu Santo, prolongado en una consideración eclesiológica), algunas consecuencias para una teología cristiana de las religiones (el valor salvífico de las religiones, la cuestión de la revelación, la verdad y el diálogo interreligioso) y el diálogo y la misión de la Iglesia.

En 1999, el Consejo Pontificio para el Diálogo Interreligioso publica el documento titulado *La espiritua-*

lidad del diálogo interreligioso, en el que comparte algunas reflexiones de su asamblea plenaria con los presidentes de las Conferencias Episcopales.

La Congregación para la Doctrina de la Fe publica en el año 2000 la Declaración *Dominus Iesus* sobre la unicidad y la universalidad salvífica de Jesucristo y de la Iglesia. Se propone exponer los fundamentos de la doctrina católica, retomando la enseñanza autorizada que se encuentra en documentos precedentes del *Magisterio*[88]. Desde el punto de vista cristológico, son tres los contenidos doctrinales que pretenden reafirmar para contrarrestar interpretaciones erróneas o ambiguas sobre el significado y el valor universal del misterio de la encarnación[89]: la plenitud y el carácter definitivo de la revelación de Jesucristo, la unidad de la economía salvífica del Verbo encarnado y del Espíritu Santo y la unicidad y la universalidad del misterio salvífico de Jesucristo. Los últimos tres capítulos se ocupan de las consecuencias eclesiológicas de la doctrina cristológica reafirmada en los capítulos precedentes, desarrollándose tres afirmaciones[90]: la unicidad y unidad de la Iglesia; la Iglesia, Reino de Dios y Reino de Cristo, y la Iglesia y las religiones en relación con la salvación.

En el año 2005, el *Compendio del Catecismo de la Iglesia Católica* dedica tres preguntas al tema de los

---

[88] Cf. CONGREGACIÓN PARA LA DOCTRINA DE LA FE, DI 3.
[89] Cf. J. RICO PAVÉS, "Dominus Iesus y el diálogo con las religiones", en: Comisión Episcopal de Enseñanza y Catequesis, *La religión y las religiones* (Madrid 2004) 171.
[90] Cf. *ibid.*, 178-181.

no cristianos, en las que resume la enseñanza del Catecismo. En concreto, las preguntas son: ¿cuál es la relación de la Iglesia católica con el pueblo judío?, ¿qué vínculo existe entre la Iglesia católica y las religiones no cristianas?, ¿qué significa la afirmación «fuera de la Iglesia no hay salvación»?

En el año 2011 se redacta el *Youcat*, también conocido como «Catecismo para los jóvenes», que en un lenguaje accesible a la juventud abordó el tema de las relaciones con los judíos y las otras religiones no cristianas en dos preguntas: ¿qué relación tiene la Iglesia con los judíos?, ¿cómo ve la Iglesia a las demás religiones?

Asimismo, en 2011, el Consejo Pontificio para el Diálogo Interreligioso, el Consejo Ecuménico de Iglesias y la Alianza Evangélica Mundial elaboran el documento titulado *El testimonio cristiano en un mundo multi-religioso: Recomendaciones de conducta*.

En 2019, la Comisión Teológica Internacional publica el documento titulado *La libertad religiosa para el bien de todos*, profundizando en el estudio de la libertad religiosa en el contexto actual.

En definitiva, la Iglesia católica desea presentarse en el diálogo de modo humilde, sin afán de imponerse, y confiando en su fuerza como verdad y en la acción del Espíritu Santo[91].

[91] Cf. MORALES MARÍN, *Teología de las Religiones*, 243.

3.1.4. Síntesis de posibles modelos

Se suele clasificar los modelos sobre la relación entre el cristianismo y otras tradiciones religiosas en tres grupos: exclusivista, inclusivista y pluralista[92]. A juicio de J. Dupuis, aunque resulta una clasificación incompleta, tiene validez, en cuanto que da cuenta del paso de una posición eclesiocéntrica a otra cristocéntrica, y de una cristocéntrica a una teocéntrica[93].

Esta misma sistematización es la que sigue el documento de la Comisión Teológica Internacional, que lleva por título *El cristianismo y las religiones*[94].

El modelo exclusivista o eclesiocéntrico es un refugio de tendencias que tal vez se mantienen en el sueño ya pasado de la cristiandad[95]. Este modelo se basa en el carácter absoluto del cristianismo, el valor único y universal de la mediación salvadora de Jesucristo, y la necesidad de una cierta fe explícita para alcanzar la salvación. En este modelo se identifica verdad y salvación, y de esta forma no es posible aceptar la salvación de quien se piensa que no acepta la verdad.

Por lo dicho, se rechaza al resto de las religiones por su condición de idolátricas e identifica a la Igle-

---

[92] Cf. Id., "Teología de las Religiones": *Scripta Theologica* 30 (1998) 757.

[93] Cf. J. Dupuis, *Hacia una teología cristiana del pluralismo religioso* (Presencia Teológica 103; Editorial Sal Terrae, Santander 2000) 268.

[94] Cf. Comisión Teológica Internacional, *CyR 10-12.*

[95] Cf. F. Susaeta Montoya, *El diálogo interreligioso en 50 claves* (Editorial Monte Carmelo, Burgos 2014) 91.

sia con la mediación única de la salvación de Cristo, manteniendo un marcado eclesiocentrismo basado en una interpretación literal de la máxima *extra Ecclesiam nulla salus* «fuera de la Iglesia no hay salvación».

Este planteamiento genera una confrontación del cristianismo con todas las religiones y hace imposible el diálogo interreligioso.

En el pensamiento protestante sobre las religiones no cristianas, irrumpe con fuerza la posición de Karl Barth, el cual dice que las religiones no cristianas se reducen a vanos intentos por alcanzar lo que es privilegio de Jesucristo: revelarse a las personas y agradar a Dios; y su aplicación por parte de Hendrik Kraemer, que insiste en la discontinuidad absoluta entre cristianismo y religiones no cristianas, por lo que interpreta el acercamiento a las religiones no cristianas como sincretismo religioso.

El modelo inclusivista o cristocentrismo contempla la posibilidad de salvación en las religiones, pero no les reconoce autonomía salvífica, dada la universalidad de la única salvación en Jesucristo. Este modelo pertenece a la esencia de la historia de la cultura y de la historia de la religión de la humanidad que no se halla estructurada en la forma de un riguroso pluralismo religioso[96]. En el interior de este modelo conviven varias teorías[97]:

---

[96] J. RATZINGER, *Fe, verdad y tolerancia* (Verdad e Imagen 163; Ediciones Sígueme, Salamanca 2005) 74.

[97] Cf. J. A. SAYÉS, *Cristianismo y religiones. La salvación fuera de la Iglesia* (Magister 10; Editorial San Pablo, Madrid 2001) 19-36.

1. La teoría del cumplimiento: Según esta teoría, el misterio de Jesucristo alcanza a los miembros de otras tradiciones religiosas como respuesta divina que lleva a cumplimiento las aspiraciones religiosas humanas expresadas por cada persona a través de su propia tradición, pero estas tradiciones religiosas no juegan ningún papel en el misterio de salvación.

— J. Danielou: Establece una distinción entre lo natural y lo sobrenatural. Las religiones no cristianas pertenecen al orden de la religión natural, en sí mismas carecen de poder salvífico. El cristianismo es la única religión sobrenatural, el único medio para la salvación de la humanidad. Solo Jesucristo lleva a cumplimiento la aspiración de comunicación hacia Dios.

— H. de Lubac: De Lubac ve, como hacia Danielou, en las religiones no cristianas religiones naturales, que no están privadas de toda bondad, pero no son caminos establecidos por Dios para la salvación. Con todo, afirma que los paganos pueden ser salvados por la gracia de Jesucristo.

— H. U. von Balthasar: Hace una distinción entre las religiones de revelación (judaísmo, cristianismo e islam) que comparten la fe en un Dios creador y personal y las religiones orientales que ven detrás de los fenómenos transitorios del mundo una realidad divina impersonal. La única religión destinada a todas las personas es el cristianismo, porque es la que realiza las aspiraciones de las religiones.

2. La teoría de la presencia de Cristo en las religiones: Se basa en la presencia de Jesucristo en las religiones y ve en ellas mediaciones de Jesucristo, por lo que las religiones tienen un valor positivo de cara a la salvación.

— K. Rahner: Habla de una revelación trascendental: ha venido a decir que en las personas no bautizadas se da un existencial sobrenatural que vendría a ser una revelación trascendental. Sería una revelación distinta de la realizada en Jesucristo, y encontraría en este su explicación. Dios da a la persona, con su autocomunicación, la capacidad de orientarse trascendentalmente a él, la tendencia trascendental y gratuita hacia el Dios que se autocomunica[98].

— J. Dupuis: En su primera obra Jesucristo al encuentro de las religiones afirma que las tradiciones religiosas son medios auténticos de salvación por su orientación hacia el acontecimiento de Jesucristo: el misterio crístico actúa en el mundo antes de la manifestación del Verbo en la carne por la encarnación, aunque sea de manera imperfecta[99]. Posteriormente,

---

[98] Cf. K. RAHNER, *Curso fundamental sobre la fe: Introducción al concepto de cristianismo* (Editorial Herder, Barcelona ^{5}1998) 161.

[99] Cf. J. DUPUIS, *Jesucristo al encuentro de las religiones* (Ediciones Paulinas, Madrid 1991) 187.

> Dupuis, en su segunda obra niega el carácter absoluto de la salvación de Jesucristo, en la medida en que, desde una perspectiva trinitaria, ve la historia de la salvación como una obra de Dios que actúa por medio del Logos y del Espíritu. El Logos, que no está vinculado definitivamente con Jesucristo, es el autor de la salvación junto con el Espíritu, en las otras religiones.

En el modelo pluralista o teocentrismo no hay que dar por supuesta la mediación universal de Jesucristo, sino hay que colocar una cosmovisión teocéntrica, lo que implica que la religión cristiana debe ser comprendida desde la relativización y la relatividad que reclaman y provocan otras religiones.

Pero, con todo, se da la posibilidad de considerar a Jesucristo como normativo de la salvación. Como dice el documento de la Comisión Teológica Internacional, titulado *El cristianismo y las religiones*:

> *"El teocentrismo pretende ser una superación del cristocentrismo, un cambio de paradigma, una revolución copernicana. Esta posición brota, entre otras razones, de cierta mala conciencia debida a la unión de la acción misionera del pasado a la política colonial, aunque olvidando a veces el heroísmo que acompañó a la acción evangelizadora. Trata de reconocer las riquezas de las religiones y el testimonio moral de sus miembros, y, en última instancia, pretende facilitar la unión de todas las religiones para un trabajo conjunto por la paz y por la justicia en*

el mundo. Podemos distinguir un teocentrismo en el cual Jesucristo, sin ser constitutivo, se considera normativo de la salvación, y otro en el cual ni siquiera se reconoce a Jesucristo este valor normativo. En el primer caso, sin negar que otros puedan también mediar la salvación, se reconoce en Jesucristo el mediador que mejor la expresa; el amor de Dios se revela más claramente en su persona y en su obra, y así es el paradigma para los otros mediadores. Pero sin él no nos quedaríamos sin salvación, sólo sin su manifestación más perfecta"[100].

Esta postura está representada por E. Troeltsch y P. Tillich.

Por otra parte, se pierde toda referencia a Jesucristo. En esta postura podríamos encontrar a los siguientes autores:

— J. Hick señala la afirmación de la voluntad salvífica universal de Dios y la negación del papel de Jesucristo como mediador único y universal de la salvación. La única teología válida de las religiones será la del pluralismo teocéntrico, que explica todos los fenómenos, trasciende toda pretensión cristiana de un papel privilegiado y universal para Jesucristo y finalmente establece el diálogo interreligioso sobre un nivel de auténtica igualdad.

Dice el documento de la Comisión Teológica Internacional hablando del teocentrismo:

---

[100] Comisión Teológica Internacional, CyR 12.

"En el segundo caso, Jesucristo no es considerado ni como constitutivo ni como normativo para la salvación del hombre. Dios es trascendente e incomprensible, de modo que no podemos juzgar sus designios con nuestros patrones humanos. Así tampoco podemos evaluar o comparar los diversos sistemas religiosos. El «soteriocentrismo» radicaliza todavía más la posición teocéntrica, pues tiene menos interés en la cuestión sobre Jesucristo (ortodoxia) y más en el compromiso efectivo de cada religión con la humanidad que sufre (ortopraxis). De este modo el valor de las religiones está en promover el Reino, la salvación, el bienestar de la humanidad. Esta posición puede así caracterizarse como pragmática e inmanentista"[101].

— R. Panikkar en sus últimas publicaciones advierte una evolución hacia una propuesta pluralista, rechazando la normatividad de Jesucristo y los modelos teológicos que afirman desde su punto de partida la consumación en Jesucristo de todas las religiones.

El modelo pluralista carece de unidad, y parece exigir la renuncia a la identidad cristiana, como condición de posibilidad del diálogo interreligioso.

3.1.5. Fundamento y fines del diálogo interreligioso

El diálogo interreligioso no es un fin en sí mismo. La finalidad del diálogo es buscar la verdad. "Os cui-

[101] *Ibid.*, 12.

daréis poco de Sócrates y mucho más de la verdad"[102], dijo Sócrates poco antes de beber la cicuta. Ante el creciente extrañamiento de la verdad[103], se proclama: No hay diálogo sin buscar la verdad[104]. No hay libertad sin verdad.

El diálogo interreligioso debe buscar la verdad para hallarla en el plano religioso. Además, debe llevar al testimonio mutuo de la propia visión religiosa a un conocimiento más profundo de las respectivas creencias, así como de las personas religiosas de las distintas religiones a una disposición a recibir críticas a nuestra propia religión[105]; a un mejor entendimiento sobre algunos valores fundamentales y a una convivencia pacífica, tolerante y a un encuentro de salvación, que no olvida la integración del diálogo interreligioso en la misión evangelizadora. La evangelización consiste en el anuncio explícito de Cristo que es Verdad y Salvación[106]. Considerar que uno está más próximo a la verdad o que hay elementos irrenunciables, no

---

[102] PLATÓN, *Diálogos*, en: *Biblioteca de los Grandes Pensadores* (RBA Coleccionables; Barcelona 2003) 91.

[103] Cf. L. RODRÍGUEZ DUPLÁ, "El contexto filosófico y cultural de la declaración Dominus Iesus": *Salmanticensis*, 48 (2002) 469-486.

[104] Cf. J. P. GARCÍA MAESTRO, "El diálogo religioso: balance y perspectivas. Con motivo de los 50 años de la apertura del Concilio Vaticano II": *Lumen. Revista de síntesis y orientación de Ciencias Eclesiásticas* 61/II (2012) 229.

[105] Cf. J. RATZINGER, *La Iglesia, Israel y las demás religiones* (Editorial Ciudad Nueva, Madrid 2007) 102.

[106] Cf. JUAN PABLO II, RM 44; Cf. *ID.*, NMI 56.

imposibilita el diálogo[107]. La caridad sin verdad no es verdad ni verdadera; no suele ser ni caridad, sino sentimentalismo, falsía, hipocresía, cálculo, táctica e interés, de los cuales no brota el diálogo, la verdadera relación interreligiosa[108].

El Concilio Ecuménico Vaticano II, en la Declaración *Dignitatis Humanae*, afirma:

> *"La verdad debe buscarse de un modo adecuado a la dignidad de la persona humana y a su naturaleza social, es decir, mediante la investigación libre, con la ayuda del magisterio o enseñanza, de la comunicación y el diálogo, en los que unos exponen a los otros la verdad que han encontrado o piensan haber encontrado, para ayudarse mutuamente en la búsqueda de la verdad; una vez conocida la verdad, hay que adherirse a ella firmemente con el asentimiento personal"*[109].

El diálogo interreligioso, además de su carácter teológico, tiene un especial significado en la construcción de la nueva humanidad[110]: abre caminos inéditos de testimonio cristiano, promueve la libertad y dignidad de los pueblos, estimula la colaboración por el bien común, supera la violencia motivada por actitudes religiosas fundamentalistas, educa a la paz y a la convivencia ciudadana.

---

[107] Cf. C. Gómez Pérez, *El compromiso que nace de la fe* (Espiritualidad; Narcea de Ediciones, Madrid 2012) 10-11.
[108] Cf. Juan Pablo II, RM 55-57; Cf. Benedicto XVI, CiV 3.
[109] Concilio Vaticano II, DH 3.
[110] Cf. Consejo Episcopal Latinoamericano, CELAM, Aparecida 239.

La búsqueda de la verdad y la promoción de la dignidad humana son dos tareas irrenunciables e irreductibles del diálogo interreligioso. Cuando en el diálogo interreligioso se deja de lado lo religioso y se le sustituye por lo ético y lo social, la verdad sobre Dios y sobre la religión desaparecen en el horizonte del diálogo. Pero también los valores éticos y sociales que se intentan promover acaban por perderse, porque no pueden "*subsistir sin un criterio unificado de lo que es conforme al ser, a la creación y a los hombres. Los valores no pueden sustituir a la verdad, no pueden reemplazar a Dios, del cual son su reflejo y sin cuya luz confunden sus contornos*"[111].

El diálogo interreligioso supone una base común y unos elementos diferenciales. A veces se insiste tanto en lo específico de cada religión, que queda anulado el diálogo interreligioso. Es el caso del fundamentalismo religioso, etc. Otras veces al revés, se acentúa tanto lo común que queda difuminado cualquier rasgo diferencial. Es el origen del sincretismo, del relativismo religioso, etc.

Se suele distinguir entre diversas modalidades del diálogo interreligioso[112]: diálogo de vida (en la convivencia personal, familiar y social); diálogo de obras (cooperando en el quehacer humano cultural y político-social); diálogo de doctrina (compartiendo la reflexión teológica sobre la propia creencia y conducta

---

[111] J. RATZINGER, *Convocados en el camino de la Fe. La Iglesia como comunión* (Ediciones Cristiandad, Madrid 2004) 298.

[112] Cf. JUAN PABLO II, RM 57.

moral, y sobre los valores de la familia y sociedad); diálogo de experiencias religiosas (oración y relación con Dios).

El aumento de los contactos dialogales ha contribuido a que se conozcan más profundamente las personas religiosas de las distintas religiones, dando lugar a un mayor acercamiento y colaboración. Al mismo tiempo los dialogantes se han sentido interpelados por los creyentes de otras religiones y se han cuestionado a sí mismos sobre la autenticidad de la vivencia de su propia fe. La confrontación dialogal ha contribuido, además, a una mayor purificación de su práctica religiosa. El mutuo intercambio de preguntas sobre la fe del otro ha aportado un enriquecimiento recíproco. Los diálogos provocados por situaciones interreligiosas concretas pueden hacernos descubrir aspectos nuevos e interesantes de nuestra propia tradición cristiana.

En la Declaración *Nostra Aetate* del Concilio Vaticano II, se habla del estupor religioso de las personas ante la inmensidad de los misterios que escapan a nuestra comprensión:

> *"Los hombres esperan de las diferentes religiones una respuesta a los enigmas recónditos de la condición humana que, hoy como ayer, conmueven íntimamente sus corazones. ¿Qué es el bien y qué el pecado? ¿Cuál es el origen y el fin del dolor? ¿Cuál es el camino para conseguir la verdadera felicidad? ¿Qué es la muerte, el juicio y la retribución después de la muerte? ¿Cuál es, finalmente, ese misterio últi-*

mo e inefable que abarca nuestra existencia, del que procedemos y hacia el que nos dirigimos?"[113].

Asimismo, describe lo que las religiones del mundo tienen fundamentalmente en común, pero sin que se borren las diferencias igualmente fundamentales[114]: las diferentes ramas del budismo indican al ser humano caminos por los que percibe el sentido del ser en el reconocimiento de la insuficiencia radical de este mundo contingente; en la riqueza de mitos del hinduismo, en sus exigencias ascéticas y sus meditaciones se expresa la búsqueda confiada de refugio en Dios. Con el islam la Iglesia tiene más en común, pues reconoce que sus seguidores "*adoran al único Dios vivo y subsistente, misericordioso y omnipotente, Creador del cielo y de la tierra*"[115]. Los escritos sagrados del islam conservan parte de las enseñanzas cristianas, Jesucristo y María son venerados, dedican tiempo diariamente a la oración y participan fielmente de sus ritos religiosos, y también aprecian la vida moral[116]. El cristianismo está unido con el judaísmo por su origen y una herencia común. La historia de la alianza con Israel, la confesión de un solo y único Dios que se revela en esa historia y la esperanza en Dios que viene en su reino futuro son comunes a judíos y cristianos[117].

---

[113] CONCILIO VATICANO II, NA 1.
[114] Cf. SAYÉS, *Cristianismo y religiones. La salvación fuera de la Iglesia*, 235-236.
[115] CONCILIO VATICANO II, NA 3.
[116] Cf. FRANCISCO, EG 252.
[117] Cf. *ibid.*, 247; Cf. CONCILIO VATICANO II, NA 4.

Por último, Iglesia católica insiste en la necesidad del anuncio de la verdad que es el mismo Cristo: "*Yo soy el Camino, la Verdad y la Vida*"[118], en quien las personas encuentran la plenitud de la vida religiosa y en quien Dios reconcilió consigo todas las cosas[119]. Y este es el Dios que tenemos que presentar hoy a las demás religiones.

3.2. La cuestión de la verdad

Unos sectores de la sociedad y de la cultura estiman la verdad y lo verdadero como un objeto inalcanzable. Otros sectores no ignoran ni niegan la cuestión de la verdad, pero la declaran lastrada por el objetivismo y las concepciones absolutistas y estáticas de épocas pasadas. Tampoco faltan quienes la disuelven en otras cuestiones de importancia como puede ser lo histórico, la intencionalidad, los límites del lenguaje, la hermenéutica y el diálogo. Así, queda sólo un relativismo en el que la cuestión de la verdad ya no interesa[120].

La verdad es nuestro punto de referencia y, si no fuéramos capaces de conocerla, nos veríamos cuestionados en nuestras propias raíces. No sabríamos qué hacer ni cómo actuar.

Desde el punto de vista filosófico, la definición más precisa la ha dado la escolástica: la verdad es la adecuación entre la mente y la realidad.

---

118 Jn 14,6.

119 Cf. Concilio Vaticano II, NA 2.

120 Cf. Francisco, LF 25.

La verdad no puede aparecer como posesión de un saber, sino sólo como un procedimiento, una búsqueda. ¿Qué significa y conlleva para la persona buscar la verdad? Paul Ricoeur escribe:

> *"La búsqueda de la verdad –por hablar llanamente– está tensa entre dos polos: por un lado una situación personal, por otro un objetivo sobre el ser. Por un lado tengo que descubrir algo propio, algo que ningún otro más que yo tiene la tarea de descubrir, si mi existencia tiene sentido, si no es vana, tengo una posición en el ser que es una invitación a plantear una cuestión que nadie puede plantear en mi lugar; la estrechez de mi condición, de mi información, de mis encuentros, de mis lecturas, dibuja ya la perspectiva finita de mi vocación de verdad. Por otro lado, sin embargo, buscar la verdad quiere decir que aspiro a decir una palabra válida para todos, que destaque sobre el fondo de mi situación como un universal; yo no quiero inventar, decir lo que me gusta, sino lo que es. Desde el fondo de mi situación aspiro a estar ligado por el ser. Mi anhelo de verdad es que el ser piense en mí. De este modo la búsqueda de la verdad está tensa entre la «finitud» de mi preguntar y la «apertura» del ser"*[121].

San Agustín realiza la búsqueda de la verdad en el ámbito del cristianismo. Ante todo, hay que admirar su búsqueda de la verdad, el singular camino que recorre para llegar a ella, la comprensión adecuada de

[121] P. Ricoeur, *Historia y verdad* (Ediciones Encuentro, Madrid ^{3}1990) 49.

esa verdad y la santidad con que la custodia y cultiva, para encontrar de este modo descanso y felicidad. G. Pozo Abejón, citando a Madec, sostiene que San Agustín convierte a Jesucristo en el principio de coherencia de su pensamiento y unifica en él la ciencia de la fe y la sabiduría de la verdad[122].

La renuncia postmoderna a la verdad supondría renunciar al cristianismo y al *"destello de aquella Verdad"*[123] que refleja en las tradiciones religiosas que viven y se desarrollan en el mundo. El cristianismo no duda en afirmar y reivindicar sin equívocos la condición de verdad para sus creencias, ritos y enseñanzas morales, así como el carácter verdadero de la revelación en que se fundamentan.

El cristianismo no es uno más entre las tradiciones religiosas. Decía Pablo VI:

> *"hemos de manifestar nuestra persuasión de que la verdadera religión es única, y que esa es la religión cristiana; y alimentar la esperanza de que como tal llegue a ser reconocida por todos los que verdaderamente buscan y adoran a Dios"*[124].

Sobre el fondo metodológico y la opción básica de que la verdad existe y que se halla en conexión con la existencia y destino humano, conocemos cada vez mejor los aspectos y modos de realizarse esta gran

---

[122] Cf. G. Pozo Abejón, "Identificación de Jesucristo con la Verdad: reconocimiento e interpretación de San Agustín": *Revista Española de Teología* 62 (2002) 686.

[123] Concilio Vaticano II, NA 2.

[124] Pablo VI, ES 49.

fuente del pensamiento, del sentimiento y de la vida. Hay más realidad de la que acepta y entiende la razón humana, y por tanto la verdad no es sólo asunto del conocimiento y hay que obrar la verdad para conocerla realmente. Sólo Dios es la verdad misma, y sólo en Él se unen los aspectos objetivos y subjetivos[125].

La presencia de la verdad es inseparable del diálogo interreligioso, porque el descubrimiento de la verdad plena se produce dialógicamente[126].

3.2.1. Presupuestos epistemológicos

Es importante apoyarse en un planteamiento filosófico adecuado, que relacione pensamiento, lenguaje y mundo. Estos tres elementos intervienen en la discusión filosófica acerca de la verdad, se encuentran interpenetrados y puede decirse que necesitan de esa interrelación para alcanzar su significado más pleno y completo.

F. Conesa y J. Nubiola sostienen que el lenguaje es el vehículo de pensamiento porque lo contiene y lo expresa, y puede decirse que no hay lenguaje sin pensamiento[127].

La verdad no trasciende el lenguaje, sino que se halla inserta en nuestro conocimiento y en nuestros medios de reconocimiento del ajuste entre las expresiones

---

[125] Cf. CEC 215.

[126] Cf. Morales Marín, *Teología de las Religiones*, 151.

[127] Cf. F. Conesa – J. Nubiola, *Filosofía del Lenguaje* (Editorial Herder, Barcelona ²2002) 94-95.

lingüísticas y el mundo[128]. Pero, aunque la verdad no trasciende el lenguaje conecta con el mundo a través de las prácticas comunicativas y los objetos vitales en los que el lenguaje se enraíza. Se defiende así una articulación entre mundo y pensamiento: vemos lícito usar el término «verdad» para valorar una proposición, y también para referirnos a la realidad, dado que la propiedad de ser verdad no corresponde solo a las expresiones lingüísticas, en cuanto oraciones, sino sobre todo a lo que decimos[129].

La verdad y su búsqueda se sitúan en un marco comunitario, que sería su conexión con la objetividad. Es una tarea colectiva la que genera los nuevos conocimientos, y ayuda a descubrir y comprender los ilimitados aspectos de la verdad. Porque ésta no puede ser agotada por ningún conocimiento humano, sino que queda siempre abierta a nuevas formulaciones[130].

Escribe Alejandro Llano:

"Todas las cosas son verdaderas por la única Verdad divina. Sin embargo, se puede decir que hay muchas verdades, en cuanto que hay muchos entes que son verdaderos y también muchas inteligencias que conocen esos entes. Nuestra tarea es avanzar en el conocimiento de esas muchas verdades, para

[128] Cf. *ibid.*, 153.
[129] Cf. *ibid.*, 148.
[130] Cf. *ibid.*, 157.

irnos acercando a la Verdad del Uno por esencia, en quien la búsqueda se aquieta"[131].

Si la verdad se busca en comunidad, y si las verdades se descubren y se forman en el entramado de nuestras prácticas comunes, se comprende que la búsqueda de la verdad es fundamentalmente un problema práctico.

La fe cristiana contiene un momento cognoscitivo, que no es meramente instrumental respecto al actuar, y que impide su simple identificación con la praxis. Sólo a partir de la verdad de Dios se nos hace posible un nuevo modo de vivir y de hacer operativas las doctrinas. La verdad religiosa fundamenta, orienta y da sentido a la praxis humana.

3.2.2. La cuestión de la verdad

Existe una Verdad, y también diferencias secundarias e importantes entre las tradiciones religiosas. Estas diferencias se reflejan en actitudes, planteamientos, afirmaciones doctrinales y pretensiones de verdad.

La pregunta por la verdad resulta inevitable si se quiere evitar el peligro de sincretismo[132]. La Comisión Teológica Internacional, en el documento titulado *El cristianismo y las religiones*, observa que el problema de la verdad subyace a la discusión interreligiosa, y

---

[131] A. LLANO, *Gnoseología* (Ediciones Universidad de Navarra, Pamplona ^{3}1991) 35.

[132] Cf. F. CONESA, "Sobre la «religión verdadera». Aproximación al significado de la expresión": *Scripta Theologica* 30 (1998) 48.

critica el deseo de desplazarlo a un segundo plano, como modo inadecuado de evitarse asuntos y debates incómodos. De ahí la tendencia a disminuir este problema, con la afirmación de que los criterios de verdad sólo valen para la respectiva religión. Algunos introducen una noción existencial de la verdad, considerando sólo la conducta moral correcta de la persona, sin importar el que sus creencias puedan ser condenadas. La omisión del discurso sobre la verdad lleva consigo la equiparación superficial de todas las religiones, vaciándolas de su potencial salvífico[133].

Según G. Greshake:

"La postmodernidad se puede definir de maneras diferentes. Pero uno de sus rasgos esenciales es la renuncia a –incluso la protesta contra– pretensiones vinculantes de verdad, sea cual sea el punto de partida de estas pretensiones de absoluto. [...] Ésta es precisamente la actitud postmoderna: se acepta sólo lo que a uno gusta o conviene. No hay ninguna verdad que exija de mí una actitud de compromiso"[134].

Desde estos planteamientos, hay que afirmar que existe una verdad universal, vinculante y válida en la misma historia, que se cumple en la figura de Jesucristo y es transmitida por la fe de la Iglesia, es considerado como una especie de fundamentalismo. Así

[133] Cf. COMISIÓN TEOLÓGICA INTERNACIONAL, CyR 13.

[134] G. GRESHAKE, "Jesucristo, el Verbo de Dios hecho carne", en: *Cristo, Camino, Verdad y Vida. Actas del Congreso Internacional de Cristología* (Universidad Católica San Antonio de Murcia; Murcia 2003) 28.

pues, en un pensamiento relativista, diálogo significa poner en el mismo plano la propia fe y las convicciones de los otros, de manera que todo se reduce a un intercambio entre posiciones fundamentalmente iguales, con el objetivo de alcanzar la colaboración y la integración entre las diversas tradiciones religiosas.

La cuestión acerca de la verdad es la cuestión esencial de la fe cristiana en general y, en este sentido, la fe tiene que relacionarse con la filosofía. La Carta encíclica *Fides et Ratio* de Juan Pablo II, quiere rehabilitar la cuestión acerca de la verdad en un mundo caracterizado por el relativismo; quiere que la cuestión acerca de la verdad vuelva a tener vigencia como una tarea racional y científica, porque, de lo contrario, la fe se quedaría sin aire que respirar.

Es innegable que las diversas tradiciones religiosas no son iguales ni tienen el mismo valor. Sin embargo, las diferencias entre las religiones no radican solamente en los elementos y contextos culturales e históricos. La disparidad entre las religiones concierne también al ámbito de lo religioso. Más en concreto, las "*diferencias, cuando son esenciales, lo son precisamente porque no son arbitrarias, sino que van en alguna forma asociadas a la idea de la divinidad que en esas respectivas religiones existe. Entonces la cosa es clara. La diferencia esencial entre las religiones está en los dioses que tienen"*[135], pues toda religión ve el mundo y la realidad humana desde la divinidad[136].

3.2.3. Declaraciones de la Iglesia sobre la verdad del cristianismo

El Magisterio de la Iglesia insiste en el carácter no relativo de la verdad. Es enseñanza constante del Concilio Vaticano II[137].

En 1964, la Constitución dogmática *Lumen Gentium* aborda la cuestión de la verdad en relación con las religiones no cristianas diciendo:

> *"Esta Iglesia, establecida y organizada en este mundo como una sociedad, subsiste en la Iglesia católica, gobernada por el sucesor de Pedro y por los Obispos en comunión con él, si bien fuera de su estructura se encuentren muchos elementos de santidad y verdad que, como bienes propios de la Iglesia de Cristo, impelen hacia la unidad católica"*[138].

Además, afirma que esa verdad es preparación para el Evangelio[139].

En 1965, la Declaración *Nostra Aetate* aborda la cuestión de la presencia de la verdad en las religiones y dice: *"La Iglesia católica no rechaza nada de lo que*

---

[135] X. ZUBIRI, *El problema filosófico de la historia de las religiones* (Alianza Editorial, Madrid 1993) 123-124.
[136] Cf. *ibid.*, 99-104.
[137] Cf. JUAN PABLO II, VS 2.
[138] CONCILIO VATICANO II, LG 8.
[139] Cf. *ID.*, LG 16.

en estas religiones hay de santo y verdadero. Considera con sincero respeto los modos de obrar y de vivir, los preceptos y doctrinas que, por más que discrepen en mucho de lo que ella profesa y enseña, no pocas veces reflejan un destello de aquella Verdad que ilumina a todos los hombres"[140].

La Declaración *Dignitatis Humanae* hace una afirmación en los siguientes términos: "*Creemos que esta única y verdadera religión subsiste en la Iglesia Católica y Apostólica"*[141].

El Decreto *Ad Gentes Divinitus* contiene la idea de que la verdad de las religiones es preparación evangélica[142].

En 1964, Pablo VI dice en la Carta encíclica *Eclesiam Suam*: *"hemos de manifestar nuestra persuasión de que la verdadera religión es única, y que esa es la religión cristiana"*[143]. En 1975, dice en la Exhortación apostólica *Evangelii Nuntiandi*:

> *"Nuestra religión instaura efectivamente una relación auténtica y viviente con Dios, cosa que las otras religiones no lograron establecer, por más que tienen, por decirlo así, extendidos sus brazos hacia el cielo"*[144].

Juan Pablo II introduce y desarrolla la idea de la presencia del Espíritu divino en las tradiciones religio-

---

[140] *Id.*, NA 2.
[141] *Id.*, DH 1.
[142] Cf. *Id.*, AG 3.
[143] Pablo VI, ES 49.
[144] *Id.*, EN 53.

sas. Lo hace en la primera Carta encíclica, *Redemptor Hominis*[145], y en la Carta encíclica *Dominum et Vivificantem* sobre el Espíritu Santo en la vida de la Iglesia y del mundo[146]. Gestos significativos del Papa como su visita a Marruecos en agosto de 1985, el encuentro en la Sinagoga de Roma en abril de 1986 y el día mundial de Oración por la Paz celebrado en Asís en octubre de 1986, manifiestan esta convicción profunda de Juan Pablo II.

En 1990, la Carta encíclica *Redemptoris Missio* enseña que, gracias a la acción del Espíritu Santo, hay ya en las personas y en los pueblos una espera, aunque sea inconsciente, por conocer la verdad sobre Dios, sobre el hombre y el camino que lleva a la liberación del pecado y de la muerte[147].

La publicación en 1993 de la Carta encíclica *Veritatis Splendor* ofrece una imagen magnífica de la verdad, en un camino de respeto a la libertad del ser humano, que ayuda a descubrir la verdad.

En 1998, la Carta encíclica *Fides et Ratio* centra la atención sobre el tema de la verdad y de su fundamento en relación con la fe.

El documento *La espiritualidad del diálogo interreligioso* publicado en 1999 por el Consejo Pontificio para el Diálogo Interreligioso, indica que es importante que el cristiano tenga una clara identidad religiosa, y tam-

---

145 Cf. JUAN PABLO II, RH 12.

146 Cf. *ID.*, DetV 53.

147 Cf. *ID.*, RM 45.

bién que el diálogo interreligioso en ninguna manera lleva al relativismo religioso.

La primera Carta encíclica de Benedicto XVI, *Caritas in Veritate*, afirma que:

> *"un cristianismo de caridad sin verdad se puede confundir fácilmente con una reserva de buenos sentimientos, provechosos para la convivencia social, pero marginales. De este modo, en el mundo no habría un verdadero y propio lugar para Dios"*[148].

En 2011, la Exhortación apostólica *Africae munus* señala que la Iglesia tiene una misión de verdad, esta misión irrenunciable y urgente es proclamar a Cristo[149].

La Carta encíclica *Lumen Fidei* de Francisco sobre la fe, indica que es necesario recuperar la conexión de la fe con la verdad. La fe puede iluminar los interrogantes de nuestro tiempo respecto a la verdad.

Por último, en 2020, la Carta encíclica *Fratelli tutti*, afirma que el diálogo debe estar abierto a la verdad, y también que el relativismo envuelto de una supuesta tolerancia no es la solución, hay que ir más allá del consenso.

3.2.4. Verdad y religiones

La verdad en las religiones es una noción que encierra sentidos diferentes e indica caminos diversos para

---

[148] BENEDICTO XVI, CiV 4.

[149] Cf. *ID.*, AM 22.

acercarse a ella. Sin embargo, podemos señalar los rasgos principales y el sentido profundo de la verdad en las religiones.

En el hinduismo, la verdad es algo que trasciende y desborda los conceptos humanos, y se realiza dentro de uno mismo por la transformación espiritual.

El término «Brahman» está presente en los *Vedas*, designaba el poder, la energía eficaz de los encantamientos rituales, los mantras y los sacrificios. Los *Brahmanas* y las *Upanisads* identificaron esta energía con la fuerza creadora que mantiene el universo. Es lo Uno-Todo, lo Absoluto, «lo que es». La fusión con Brahman es la aspiración suprema de los hindúes, que se realiza tras la muerte si el alma está purificada del todo.

Gandhi comprende que, en lugar de decir «Dios es Verdad», tiene que decir «La Verdad es Dios»[150], porque estima que el término Dios es un modo de denominar la verdad, que es absoluta y omnicomprehensiva. La entrega a esta Verdad es la única justificación de nuestra existencia. Además, mantiene en definitiva que las religiones son diferentes caminos que convergen en el mismo punto.

Para el budismo, las bases de la doctrina están formuladas en las «cuatro Nobles Verdades» que Buda expuso en el llamado «Sermón de Benarés».

---

[150] Cf. M. K. GANDHI, *«La Verdad es Dios». Escritos desde mi experiencia con Dios* (El Pozo de Siquem 174; Editorial Sal Terrae, Santander 2005) 29.

No aparece Dios ni lo divino ni los dioses. Nada se dice de una invocación o un culto en los que se exprese el reconocimiento de la realidad última, pero a pesar de su ausencia se reconoce un contenido religioso. Lo que Buda predica es la liberación de cada uno por la adhesión a las verdades que ha descubierto.

Según el islam, ninguno de los sistemas de ideas seguidos por las religiones es inferior o superior a las demás[151]. En consecuencia, todos ellos son verdad, cada concepción es verdad al ser parte de un sistema verdadero.

Conforme al islam, el *Corán* es verdadero por ser un acto salvífico divino por el que los creyentes son librados de la oscuridad, así enseña un pasaje: "*Dios ha hecho en verdad descender un recordatorio para vosotros: ha suscitado un enviado que os transmite los claros mensajes de Dios, para que Él saque de las tinieblas a la luz a los que han llegado a creer y hacen buenas obras*"[152].

El islam no ha conseguido que la idea de verdad penetre toda la realidad de las personas y de las cosas, y parece albergar una dicotomía entre verdades sagradas y verdades profanas[153].

En todas las tradiciones religiosas hay verdad porque constituyen modulaciones de la experiencia reli-

---

[151] Cf. Bell – Watt, *Introducción al Corán*, 178.
[152] Qur. 65,10-11.
[153] Cf. Morales Marín, *Teología de las Religiones*, 167.

giosa fundamental de la persona, intentos de respuesta a las inquietudes del corazón humano.

Según José Morales, la verdad fragmentaria diseminada en las tradiciones religiosas se manifiesta a través de canales diversos[154]:

— Reflexiones y enseñanzas de naturaleza filosófico-racional: Hay un conjunto de ideas en casi todas las sociedades antiguas, acerca del ser humano, su condición, destino, y relación con el principio último de la realidad; que proceden de la experiencia humana y han sido reflexionadas y formuladas por la razón.

— Saber recibido por tradición: Se trata de una sabiduría ancestral que vincula por su autoridad y suele ser independiente de argumentos y consideraciones racionales.

— Mitos: La importancia del mito como expresión simbólica y no discursiva de la verdad ha sido y es destacada en el ámbito filosófico y en el teológico-religioso[155].

El mito expresa anhelos y deseos de inmortalidad, divinización y fecundidad, que peligran amenazados por el mal y lo negativo. Los mitos se apoyan en elementos de la realidad ordinaria, interpretada por la persona. Los mitos toman cuerpo en leyendas, relatos sobre momentos principales, folklore, etc.

---

[154] Cf. *Ibid.*, 167-169.

[155] Cf. ID., "Mito y Misterio": *Scripta Theologica* 28 (1996) 77-95.

— Códigos legales y ritos o ceremonias de culto: La legislación de los pueblos antiguos contiene normas que rigen el orden social y expresan el sentido moral colectivo. Éstos establecen también prácticas cultuales.

Las diversas verdades parciales sobre la religión se recapitulan en la verdad completa, con la que guardan una relación de reciprocidad[156]. La recapitulación de las verdades parciales no significa la destrucción de éstas, sino la armonización de las mismas en el cuerpo de la verdad plena. No obstante, lo que sí implica la recapitulación es una clarificación y purificación de todo lo que no es verdad dentro de cada una de las tradiciones religiosas. Por esto, desde el cristianismo se advierte el carácter parcial y fragmentario de la verdad presente en las religiones, así como sus deficiencias.

La verdad está siempre más allá de las verdades puntuales, parciales y, con frecuencia, arbitrarias que la persona acumula sin cesar. La verdad de las religiones apunta a la verdad cristiana. Las distintas religiones pueden ser contempladas como círculos concéntricos ordenados en torno a la relación perfecta del ser humano con Dios, subsistente en el cristianismo[157].

---

156 Cf. P. Coda, *El futuro de las religiones* (Colección Subsidia 9; Publicaciones de la Facultad de Teología "San Dámaso", Madrid 2004) 34.

157 Cf. Juan Pablo II, *Cruzando el umbral de la esperanza* (Plaza & Janés Editores, Barcelona [5]1994) 109.

3.2.5. El cristianismo, religión verdadera

Lo propio de la fe cristiana en el mundo de las religiones es que nos dice la verdad sobre Dios, el mundo y la persona, y que pretende ser la religión verdadera. La fe cristiana supone la plenitud de la verdad religiosa alcanzada históricamente por la Iglesia[158].

El cristianismo proclama una pretensión legítima e inevitable de universalidad. La pretensión cristiana a una relevancia universal está apoyada en elementos históricos, exegéticos, filosóficos y teológicos, que son accesibles a la razón y al sentido religioso del ser humano. Un verdadero diálogo exige que esté fundado en la verdad, en una verdad accesible a la razón humana. Como dice J. Ratzinger, *"solo si la fe cristiana es verdad, afecta a todos los hombres"*[159].

Las religiones poseen reflejos de la única verdad que ilumina a toda persona y a toda comunidad humana, pero necesitan la verdad última y definitiva que enseña el cristianismo. Las verdades de las religiones participan de la verdad cristiana. En las religiones, el cristianismo puede eliminar o reducir elementos culturales, ambientales, y psicológicos que resultan nocivos para la auténtica religiosidad.

El cristiano que vive su fe en el amor a la verdad tiene conciencia de ser depositario de la verdad, sabe

---

158 Cf. MORALES MARÍN, *Teología de las Religiones*, 169.

159 J. RATZINGER, "Fe, verdad y cultura: reflexiones a propósito de la encíclica «Fides et Ratio»": *Revista Española de Teología* 60 (2000) 146.

que ésta es un don que le excede, sabe que es heraldo y servidor de la misma, y que tiene que ayudar a los demás a descubrir, en relación dialógica con ellos, la verdad sobre Dios y sobre la religión.

La afirmación de que el cristianismo es la religión verdadera, quiere decir que en la vivencia cristiana se realiza la auténtica y perfecta relación del ser humano con Dios porque el objeto al que se dirige esta relación religiosa es la realidad divina misma y porque las actitudes que se sostienen respecto de ella son las correctas. Zubiri explica que el cristianismo es la religión verdadera, en el sentido de que *"es la verdad definitiva, donde definitiva significa justamente eso: que es el acceso divino a Dios. Por eso es la religión, la verdad definitiva, la única vía que conduce definitivamente a la realidad de Dios"*[160].

Finalmente, la Iglesia católica ha afirmado tradicionalmente la singularidad del cristianismo y su diferenciación respecto a las demás religiones, y sigue pensando hoy que no todas las religiones son iguales y que el cristianismo sobresale respecto a las otras tradiciones religiosas. Según G. D´Costa, el cristianismo es único[161], así en la Carta apostólica *Tertio Millennio Adveniente*, Juan Pablo II enseña la diferencia principal entre el cristianismo y las otras religiones:

---

160 ZUBIRI, *El problema filosófico de la historia de las religiones*, 330.

161 Cf. G. D'COSTA (ed.), *La unicidad cristiana reconsiderada. El mito de una teología pluralista de las religiones* (Religiones en Diálogo 10; Editorial Descleé De Brouwer, Bilbao 2000) 167.

"Jesús... no se limita a hablar «en nombre de Dios» como los profetas, sino que es Dios mismo quien habla en su Verbo hecho carne. Encontramos aquí el punto esencial por el que el cristianismo se diferencia de las otras religiones, en las que desde el principio se ha expresado la búsqueda de Dios por parte del hombre. El cristianismo comienza con la Encarnación del Verbo. Aquí no es sólo el hombre quien busca a Dios, sino que es Dios quien viene en Persona a hablar de sí al hombre y a mostrarle el camino por el cual es posible alcanzarlo...

El Verbo Encarnado es, pues, el cumplimiento del anhelo presente en todas las religiones de la humanidad: este cumplimiento es obra de Dios y va más allá de toda expectativa humana. Es misterio de gracia. En Cristo la religión ya no es un «buscar a Dios a tientas», sino una respuesta de fe a Dios que se revela... Cristo es el cumplimiento del anhelo de todas las religiones del mundo y, por ello mismo, es su única y definitiva culminación"[162].

3.3. La misión evangelizadora

La misión evangelizadora constituye el primer cometido que la Iglesia católica puede prestar a cada persona y a la humanidad, empleando todas sus fuerzas para conducir a todas las personas a Jesucristo. La Iglesia es movida pues a la actividad misionera, desde su origen y por su misma esencia, para dar a cono-

[162] Juan Pablo II, TMA 6.

cer y proclamar quién es el único Dios verdadero y el único Salvador. La proclamación de Jesucristo también significa testimonio, apertura, y actuaciones que manifiesten los valores del Reino, como la paz, la justicia, la verdad y la misericordia[163].

Las vicisitudes de la historia han provocado que la misionaridad de la Iglesia haya quedado reducida a un sector de su vida o de sus miembros, desde el punto de vista de la reflexión teológica ha sido encomendada a la misionología[164]. Por otra parte, el diálogo interreligioso debe estar integrado en la misión evangelizadora, sin renunciar a la propia identidad.

3.3.1. Los hitos históricos en la misión de la Iglesia

La Iglesia inicia la misión evangelizadora el día de Pentecostés. En el siglo I, el cristianismo se extiende hacia Siria, Chipre y toda el Asia Menor, para pasar luego a Europa y también al norte de África. En los primeros siglos, la misión se realiza de modo natural por todos los miembros de la comunidad eclesial, a partir de la necesidad de proclamar a Jesucristo.

En el siglo V, tras la invasión de los «bárbaros», la Iglesia cristianiza a estos pueblos convirtiendo a sus jefes y sus comunidades. En estas conversiones actuaron eficazmente santos.

---

[163] Cf. MORALES MARÍN, *Teología de las Religiones*, 292.

[164] Cf. E. BUENO DE LA FUENTE, *Eclesiología* (Biblioteca de Autores Cristianos, Madrid 2001) 257.

Los monasterios y las catedrales fueron el centro religioso, cultural y social. La acción caritativa y cultural, así como el testimonio de monjes y obispos, es determinante en la evangelización de Europa hasta el final del primer milenio[165]. Algunos pueblos de Europa oriental habían sido evangelizados desde el siglo VII.

Los cristianos de la Iglesia asiria fueron grandes misioneros desde los siglos III-IV. Durante los siglos VI-VII fundaron comunidades tártaras, turcas, mongoles, indias, chinas, etc.

En el siglo XIII, las órdenes mendicantes y las de redención de cautivos demostraron gran espíritu misionero, con la predicación y el testimonio. Algunos cristianos trataron de acercarse a los musulmanes y a otros pueblos con actividades y métodos evangélicos.

La evangelización de los pueblos no estaba disociada de las demás tareas de la Iglesia y no tuvo ningún régimen determinado. La situación cambia a partir de 1492, cuando el descubrimiento de América y los viajes portugueses a África y Asia convirtieron la evangelización en un acción especializada y autónoma, encargada por la Santa Sede a España y Portugal mediante el patronato, y con la colaboración de las órdenes religiosas, de sacerdotes seculares y de laicos. Es en este momento cuando el nuevo proyecto evangelizador provoca una gran expansión de la Iglesia[166].

---

[165] Cf. J. Esquerda Bifet, *Misionología* (Biblioteca de Autores Cristianos, Madrid 2008) 318-319.

[166] Cf. Bueno de la Fuente, *Eclesiología*, 261.

En 1662, la creación por Gregorio XV de la Congregación de Propaganda Fide, traza nuevas líneas de actuación, que la Santa Sede quería desarrollar sobre bases más firmes que el sistema de patronato. La Congregación desea que la Iglesia católica se distancie del colonialismo y de las conductas y actitudes que éste genera, con el fin de dar a las misiones un carácter puramente espiritual[167]. El Colegio Urbano, fundado por Urbano VIII, era un modelo de formación misionera. A partir de 1685, la Sociedad de Misiones Extranjeras de París colabora con la Congregación.

El siglo XVII y la primera mitad del siglo XVIII tuvieron un aumento de la acción misionera por la Iglesia católica de Francia. Debido principalmente a la supresión de la Compañía de Jesús, así como a las guerras y crisis políticas y a la revolución francesa, las misiones acusaron un descenso en la segunda mitad del siglo XVIII.

Las misiones protestantes han tenido un desarrollo más lento que las católicas. En el siglo XVIII, la acción misionera protestante se extiende con rapidez por todos los continentes, y en el siglo XIX se inician las Conferencias misioneras mundiales.

En el resurgir misionero desde la segunda mitad del siglo XIX hasta la primera mitad del siglo XX, destacan las Obras Misionales Pontificias, comenzando cronológicamente por la Obra de la Propagación de la Fe, la Obra de la Santa Infancia, la Obra de San Pedro

[167] Cf. MORALES MARÍN, *Teología de las Religiones*, 265.

Apóstol para el Clero indígena y la Obra de la Unión Misional.

Gregorio XVI restaura la acción misional y Pío IX trata de favorecer la creación de un clero indígena. Los pontificados de León XIII y Pío X se apartan un tanto de las Iglesias ortodoxas para concentrarse en los países no cristianos. Con Benedicto XV y Pío XI destacan las actuaciones organizativas y las encíclicas misioneras. Pío XII impulsa la creación de un episcopado autóctono en China, Vietnam y la India. La hora de África llega con Pablo VI, finalizado el Concilio Ecuménico Vaticano II.

A las órdenes y congregaciones del pasado, se unieron, durante el siglo XIX y comienzos del siglo XX, nuevos institutos misioneros y nuevas congregaciones. Y los nuevos movimientos y comunidades eclesiales de mediados del siglo XX dieron un impulso extraordinario. Con estos esfuerzos hubo un resurgir misionero en todos los continentes.

Por último, las mujeres, de vida consagrada y laical, han colaborado eficazmente en la misión de las últimas décadas[168].

3.3.2. La evolución histórica de la misionología

Desde finales del siglo XIX en el mundo protestante, y a lo largo del siglo XX en el mundo católico, se va desarrollando la misionología, que tiende al estudio de

---

[168] Cf. M. GUERRA GÓMEZ, "La mujer evangelizada y evangelizadora": *Teología del Sacerdocio* 20 (1987) 627-738.

la naturaleza de la «misión», poniéndola en práctica por medio de la acción evangelizadora[169]. La reflexión teológica sobre la misión se inspira en la realidad misionera de Cristo y sus apóstoles.

Entre los protestantes, Gustav Warneck es considerado como el iniciador de la misionología moderna protestante, e influye en la teología católica.

Entre los católicos se configuran cuatro escuelas principales[170]:

1. La escuela de Münster: J. Schmidlin, iniciador de la misionología moderna católica y primer catedrático en esta materia, elabora una síntesis que intenta unir elementos y aspectos de la misión, el fundamento es cristológico, la responsabilidad es de la jerarquía mientras que los destinatarios son objeto de la misión y no participantes activos, y la finalidad es la conversión y la salvación de las personas, dentro de una concepción religiosa de la misión.

2. La escuela de Lovaina: Promovida por P. Charles, se centra en una perspectiva eclesiológica: lo específico de la actividad misionera es la plantación de la Iglesia, porque cuando en una región o grupo étnico está ausente la Iglesia, es tierra de misión. Hay un enriquecimiento respecto a la anterior, porque favorece el clero nativo y las instituciones, señala la obligación misionera de

[169] Cf. Esquerda Bifet, *Misionología*, 52-55.

[170] Cf. Bueno de la Fuente, *Eclesiología*, 262-263.

todos los cristianos y considera el protagonismo de todos los que colaboran en la plantación de la Iglesia.

3. La escuela española: La figura emblemática es J. Zameza, que comparte una visión negativa de la situación de los destinatarios y la consideración estrictamente jerárquica de la actividad misionera; su planteamiento está influido por San Pablo y San Agustín al situar la misión en la expansión y la asimilación del Cuerpo de Cristo.

4. La escuela francesa: Representada por P. Glorieux y H. de Lubac, entiende que la misión tiene como objetivo la plenitud de vida de los destinatarios; esto evita el rigorismo en la salvación de los no cristianos, y permite considerar la misión desde la identidad del cristianismo y de la Iglesia.

En las últimas décadas, la misionología habla de la misión única de la Iglesia a escala mundial y contextualizada, la responsabilidad misionera de todos los miembros de la Iglesia y se pone más de relieve la acción del Espíritu Santo en la misión evangelizadora; también ha insistido en que la salvación no se reduce a lo espiritual, sino que afecta a los aspectos antropológicos, sociales y humanísticos de la actividad misionera. La labor evangelizadora colabora en la promoción humana integral de las personas evangelizadas. Una propuesta misional equilibrada señala el carácter preferente del anuncio de la verdad que es el mismo Cristo, y la complementariedad de las iniciativas para la promoción de la dignidad humana.

El enfoque científico actual ha contribuido a abrir nuevas perspectivas en la realidad misionera, y se exige un enfoque nuevo de la misionología ante el actual encuentro entre las religiones y el cristianismo.

3.3.3. Declaraciones de la Iglesia sobre la misión evangelizadora

El *Magisterio de la Iglesia* anterior al Concilio Ecuménico Vaticano II fue determinante en el resurgir misionero: La Carta apostólica *Maximum Illud* sobre la propagación de la fe católica en el mundo entero, la Carta encíclica *Rerum Ecclesiae* sobre la acción misionera, la Carta encíclica *Saeculo Exeunte Octavo* sobre la actividad misionera portuguesa, la Carta encíclica *Evangelii Praecones* sobre el modo de promover la obra misional, la Carta encíclica *Fidei Donum* sobre las misiones, especialmente en África; y la Carta encíclica *Princeps Pastorum* sobre el apostolado misionero.

El Concilio Ecuménico Vaticano II trata especialmente las misiones en la Constitución dogmática *Lumen Gentium*, los Decretos sobre el apostolado de los seglares y sobre el ministerio y vida de los presbíteros, y en las Declaraciones sobre la libertad religiosa y sobre las relaciones de la Iglesia con las religiones no cristianas[171].

Pero es el Decreto *Ad Gentes Divinitus* sobre la actividad misionera de la Iglesia, el que recoge de modo

[171] Cf. J. RATZINGER, *El nuevo pueblo de Dios* (Editorial Herder, Barcelona [5]2016) 417-446.

sistemático y global el tema que nos ocupa y aporta vías de solución. Consta de un proemio y seis capítulos que tratan de los principios doctrinales, la obra misionera, las Iglesias particulares, los misioneros, la ordenación de la actividad misional y la cooperación. En el número 6 afirma que *"la actividad misional fluye íntimamente de la naturaleza misma de la Iglesia, cuya fe salvífica propaga, cuya unidad católica realiza dilatándola, sobre cuya apostolicidad se sostiene, cuyo afecto colegial de Jerarquía ejercita, cuya santidad testifica, difunde y promueve"*[172] y en el número 8 también afirma que la misión mantiene una estrecha conexión con la naturaleza humana y sus íntimas aspiraciones. El texto conciliar extrae las últimas consecuencias de la verdad, afirmada en la Iglesia católica, acerca del propósito divino de salvación universal, y subraya la ambigüedad de las adquisiciones religiosas logradas en la historia humana[173].

En el *Magisterio de la Iglesia* posterior al Concilio Ecuménico Vaticano II, se hace más explícita la dimensión misionera *ad gentes*. En 1975 Pablo VI, a los diez años de finalizar el Concilio Ecuménico Vaticano II, publica la Exhortación apostólica *Evangelii Nuntiandi* acerca de la evangelización en el mundo contemporáneo, presentando la naturaleza misionera de la Iglesia en una perspectiva más dinámica[174]: trata sobre

---

[172] CONCILIO VATICANO II, AG 6.

[173] Cf. A. GARCÍA SUÁREZ, "El carácter histórico-escatológico de la Iglesia en el Decreto «Ad gentes»": *Scripta Theologica* 1 (1969) 89.

[174] Cf. ESQUERDA BIFET, *Misionología*, 98.

el nexo entre Cristo, la Iglesia y la evangelización, se ocupa de la acción evangelizadora de la Iglesia y del contenido de la evangelización, describe sus distintos métodos, habla de los destinatarios y agentes de la tarea evangelizadora y diseña una espiritualidad de la evangelización.

En el número 14 afirma que "*evangelizar constituye, en efecto, la dicha y vocación propia de la Iglesia, su identidad más profunda. Ella existe para evangelizar, es decir, para predicar y enseñar, ser canal del don de la gracia, reconciliar a los pecadores con Dios, perpetuar el sacrificio de Cristo en la santa Misa, memorial de su muerte y resurrección gloriosa*"[175] y en el número 22 dice que no hay evangelización verdadera, mientras no se anuncie a Jesucristo.

El documento *Diálogo y misión*, de carácter predominantemente pastoral, fue publicado en 1984 por el entonces Secretariado para los no cristianos, el cual tiene por objeto ayudar a la comunidad cristiana, ofreciendo elementos de solución a las dificultades que puedan surgir en el diálogo y la misión. La Iglesia se siente comprometida con el diálogo y sus diversas formas, sin olvidar el anuncio misionero.

La primera Carta encíclica de Juan Pablo II, *Redemptor Hominis*, señala la dimensión sin fronteras de la misión. La publicación en 1985 de la Carta encíclica *Slavorum apostoli* centra el asunto en la inculturación, con vistas a la evangelización.

---

[175] PABLO VI, EN 14.

En 1988, la Exhortación apostólica *Christifideles Laici* aborda también la misión evangelizadora, afirmando en el número 33 que:

> *"los fieles laicos, precisamente por ser miembros de la Iglesia, tienen la vocación y misión de ser anunciadores del Evangelio: son habilitados y comprometidos en esta tarea por los sacramentos de la iniciación cristiana y por los dones del Espíritu Santo"*[176].

Y el número 35 también afirma que *"los fieles laicos, con el ejemplo de su vida y con la propia acción, pueden favorecer la mejora de las relaciones entre los seguidores de las diversas religiones"*[177].

Las exhortaciones apostólicas postsinodales por continentes señalan las urgencias actuales ante las nuevas situaciones de la sociedad humana[178].

La Carta encíclica *Redemptoris Missio* de Juan Pablo II, publicada en 1990, ratifica la permanente validez del mandato misionero. En los tres primeros capítulos, aclara conceptos doctrinales, y le siguen cuatro capítulos que describen las nuevas situaciones de la misión, los caminos de la misión, los responsables y agentes, la cooperación y la espiritualidad misionera. El número 8 afirma la obligación moral de buscar la verdad, y que el anuncio del *Evangelio* respeta la libertad porque no es una imposición, sino una propuesta a la que el ser humano tiene derecho; y el número 37

---

[176] JUAN PABLO II, ChL 33.
[177] *Ibid.*, 35.
[178] Cf. ESQUERDA BIFET, *Misionología*, 101.

diferencia la misión *ad gentes* de la nueva evangelización.

Los números 55 al 59 defienden un diálogo interreligioso centrado en la singularidad y universalidad salvífica de Jesucristo reiterando que, aunque los fieles de otras religiones pueden encontrar salvación, ésta les viene plenamente por Jesucristo y su Iglesia; aceptan que el diálogo interreligioso sea parte de la misión evangelizadora y alientan a los cristianos a trabajar por la paz, la promoción humana integral y los derechos humanos.

El documento *Diálogo y anuncio* publicado en 1991 por el Consejo Pontificio para el Diálogo Interreligioso juntamente con la Congregación para la Evangelización de los Pueblos, ofrece consideraciones adicionales sobre esos dos elementos y se articula en tres partes, que tratan del diálogo, el anuncio y la relación entre ambos. En el número 9 afirma que el diálogo no puede sustituir al anuncio, siendo el diálogo un elemento integrante de la misión evangelizadora de la Iglesia.

El documento *El cristianismo y las religiones* elaborado en 1997 por la Comisión Teológica Internacional, se articula en cuatro partes, y señala en la conclusión sobre el diálogo y la misión de la Iglesia, que la Iglesia está llamada a dar testimonio de Cristo en amplios mundos culturales y religiosos.

En 2001, con la Carta apostólica *Novo Millennio Ineunte*, Juan Pablo II nos recuerda que la Iglesia no puede sustraerse a la actividad misionera hacia los pueblos, y una tarea prioritaria de la misión *ad gentes* sigue siendo anunciar a Cristo[179].

La Carta encíclica *Caritas in veritate* de Benedicto XVI, publicada en 2009, señala en que existen vínculos fuertes entre la promoción humana y la evangelización, siendo el testimonio de la caridad de Cristo un elemento importante de la evangelización; y también dedica varios números de la Exhortación apostólica postsinodal *Verbum Domini* a tratar sobre la misión de la Iglesia, específicamente en la sección titulada «La misión de la Iglesia: anunciar la palabra de Dios al mundo». En esas páginas, trata distintos temas: la responsabilidad de todos los bautizados en el anuncio, la necesidad de la misión *ad gentes*, el anuncio y la nueva evangelización, la palabra de Dios y el testimonio cristiano, etc.

En 2011, el Consejo Pontificio para el Diálogo Interreligioso, el Consejo Ecuménico de Iglesias y la Alianza Evangélica Mundial elaboran el documento *El testimonio cristiano en un mundo multi-religioso: Recomendaciones de conducta*, señalando que la misión pertenece a la naturaleza de la Iglesia, y también que el anuncio y el testimonio son fundamentales para cada cristiano.

La publicación en 2013 de la Exhortación apostólica *Evangelii Gaudium* por parte de Francisco, sobre el anuncio del evangelio en el mundo actual, afirma que *"la evangelización y el diálogo interreligioso, lejos de*

---

179 Cf. JUAN PABLO II, NMI 56.

oponerse, se sostienen y se alimentan recíprocamente"[180].

En 2018, la Exhortación apostólica *Gaudete et Exulsate* sobre el llamado a la santidad en el mundo actual, nos dice que:

> *"para un cristiano no es posible pensar en la propia misión en la tierra sin concebirla como un camino de santidad... Cada santo es una misión; es un proyecto del Padre para reflejar y encarnar, en un momento determinado de la historia, un aspecto del Evangelio"*[181].

En 2019, la Exhortación apostólica *Christus Vivit* a los jóvenes y a todo el pueblo de Dios, nos dice "¿A dónde nos envía Jesús? No hay fronteras, no hay límites: nos envía a todos. El Evangelio no es para algunos sino para todos... No tengan miedo de ir y llevar a Cristo a cualquier ambiente, hasta las periferias existenciales, también a quien parece más lejano, más indiferente"[182].

La Exhortación apostólica *Querida Amazonia*, publicada en 2020, afirma que es indispensable el anuncio misionero y desarrollar una renovada inculturación en la Amazonia[183].

Por último, en 2020, la Carta encíclica *Fratelli tutti*, nos dice que los cristianos no pueden esconder el

---

180 FRANCISCO, EG 251.
181 *Ibid.*, GetE 19.
182 *Ibid.*, CV 177.
183 Cf. *Ibid.*, QA 70.

evangelio. La Iglesia está llamada a encarnarse en todos los rincones[184].

3.3.4. Misión y religiones

El encuentro con las religiones invita al mismo cristianismo a adoptar una actitud de autenticidad. El diálogo se abre como evangelización partiendo de las convicciones de fe, de las experiencias salvíficas concretas. De este modo, el diálogo no será relativismo, sino encuentro en la verdad.

Para el cristianismo, las religiones no cristianas son:

"Expresión viviente del alma de vastos grupos humanos. Llevan en sí mismas el eco de milenios a la búsqueda de Dios; búsqueda incompleta pero hecha frecuentemente con sinceridad y rectitud de corazón. Poseen un impresionante patrimonio de textos profundamente religiosos. Han enseñado a generaciones de personas a orar. Todas están llenas de innumerables «semillas del Verbo» y constituyen una auténtica «preparación evangélica»"[185].

La misión va desde el testimonio hasta el diálogo con las culturas y los miembros de otras religiones. La aceptación del diálogo presupone un respeto hacia el otro y un deseo de enriquecerse con las experiencias de los otros. Para los cristianos una de las primeras exigencias del diálogo es el estudio de las religiones, que debe llegar a intentar conocer el enfoque de las

---

184 Cf. *Ibid.*, FT 278.

185 PABLO VI, EN 53.

otras religiones sobre el cristianismo. Incluso el diálogo ha tenido frutos positivos en la reinterpretación y replanteamiento de la acción misionera[186].

En las misiones se puede realizar una colaboración interreligiosa para alcanzar una promoción humana integral y la resolución de los problemas fundamentales que enfrenta la humanidad. Otros campos, sin olvidar la identidad cristiana y la misión evangelizadora, son los encuentros interreligiosos en el ámbito diocesano, las asociaciones laicales para el diálogo interreligioso, los proyectos educativos interreligiosos en las escuelas y universidades, etc.

Finalmente, ante la pérdida del sentido misional anunciador de la Iglesia, alentamos al deber urgente e ineludible del mismo y a dar la vida como los santos y los mártires en el anuncio de Jesucristo, teniendo nuevos horizontes en la misión.

---

[186] Cf. J. L. SÁNCHEZ NOGALES, *Aproximación a una teología de las religiones II* (Biblioteca de Autores Cristianos, Madrid 2015) 915.

4. CONCLUSIÓN

Esperamos que la metodología cumpliese el objetivo, que era mostrar que lo religioso y la religión es connatural al ser humano, para luego introducirnos en la realidad evidente de la pluralidad religiosa y finalizar con el diálogo interreligioso, la cuestión de la verdad y la misión evangelizadora desde una teología católica.

La dimensión religiosa es parte constitutiva del ser humano. El sentido más profundo de la dignidad humana radica justamente en su tendencia a la comunión con Dios.

> *"El hombre es invitado al diálogo con Dios desde su nacimiento; pues no existe sino porque, creado por Dios por amor, es conservado siempre por amor; y no vive plenamente según la verdad si no reconoce libremente aquel amor y se entrega a su Creador"*[187].

En la religión se habla de Dios como razón de ser y fundamento de la religión. Es la realidad de Dios la que determina y da sentido a la religión, y no al revés. Dios no es un derivado o un producto (mental o ideal) de la religión. El ser humano, con palabras de X. Zu-

[187] CONCILIO VATICANO II, GS 19.

biri, no tiene, consiste en religión[188], o sea, religación respecto de la divinidad.

Por otro lado, el ser humano puede adoptar a veces la actitud radical de desconocimiento desinteresado de Dios y de lo religioso, de indiferencia e ignorancia, incluso de rechazo personalizado de Dios, heredado pacíficamente de sus progenitores y del entorno sociocultural paganizado. Por eso se habla de «eclipse de Dios»[189].

Hasta tal punto que X. Zubiri considera este desinterés como una de las características principales de nuestra sociedad: El ser humano actual se caracteriza no tanto por tener una idea positiva de Dios (teísta) o negativa (ateo) o agnóstico, sino que se caracteriza por una actitud más radical: por negar que exista un verdadero problema de Dios[190]. El ser humano puede llegar a pensar que la religión y el culto a Dios son un atentado contra su propia dignidad humana. Sin embargo,

> *"el reconocimiento de Dios no se opone de ningún modo a la dignidad del hombre, ya que esta dignidad se funda y perfecciona en el mismo Dios... La Iglesia sabe muy bien que su mensaje conecta con los deseos más profundos del corazón humano"*[191].

---

[188] Cf. ZUBIRI, *Naturaleza, historia, Dios*, 430.

[189] Cf. M. BUBER, *Eclipse de Dios. Estudios sobre las relaciones entre religión y filosofía* (Fondo de Cultura Económica, México [2]1993) 14.

[190] Cf. ZUBIRI, *Naturaleza, historia, Dios*, 395-396.

[191] CONCILIO VATICANO II, GS 21.

Estas ideas y la conducta de desafío que deriva de ellas no pertenecen a la norma sino a la patología del espíritu[192]. Tiene razón el novelista ruso Fiodor Dostoyevski:

> *"Es imposible ser hombre y no inclinarse; no se podría sufrir a sí mismo un hombre así; pero, además, no lo hay. Y si a Dios rechaza, ante un ídolo se inclina..., de madera, de oro o imaginario. Idólatras son todos, no ateos"*[193].

Si se niega la existencia de la divinidad e incluso cuando se lucha contra ella y contra cualquier manifestación religiosa, se talla la imagen de un ídolo.

No obstante, un hecho parece innegable: la no disminución de la religiosidad y la forma distinta de vivirse y manifestase[194]. Estamos ante una situación de cambio religioso, de transformación y hasta de mutación. De manera que, podrá hablarse de eclipse de lo religioso, pero no de ocaso y de muerte porque, cuando parece que está en trance de desaparecer, es que cambia de sentido. Este hecho es admitido por pensadores como H. Cox. Éste piensa que, más que al entierro de la religión, estamos asistiendo a su desaparición como fenómeno sociológico, esto es, a su

[192] Cf. MORALES MARÍN, *Teología de las Religiones*, 41.

[193] F. DOSTOYEVSKI, *Obras completas* II (Ediciones Aguilar, Madrid [9]1973) 1787.

[194] Cf. J. M. MARDONES, *¿Adónde va la religión? Cristianismo y religiosidad en nuestro tiempo* (Presencia social 15; Editorial Sal Terrae, Santander 1996) 17-24.

irrelevancia social y a su carencia de espacio funcional en el contexto cultural de nuestro tiempo[195].

Según J. Habermas:

"La religión, que en gran parte ha quedado privada de sus funciones de imagen del mundo, sigue siendo insustituible, cuando se la mira desde fuera, para el trato normalizador con lo extracotidiano en lo cotidiano. De ahí también que el pensamiento postmetafísico coexista aún con una praxis religiosa"[196].

Dicho esto, la religión siempre va a tener futuro porque es una expresión de la búsqueda del sentido de la realidad de la existencia[197]. La religiosidad alternativa y la pluralidad religiosa muestran, a su modo, que lo religioso y la religión es connatural al ser humano. La pluralidad religiosa es una realidad evidente y permanente. Ha habido, hay y habrá no una, sino muchas religiones. Las religiones practicadas por los hombres y mujeres a lo largo de su historia pueden considerarse incontables. Tal vez nunca como en nuestros días el ser humano ha sido tan consciente de este fenómeno.

Aunque de modo elemental, este estudio permite responder a preguntas que uno puede plantearse ante la presencia de un hindú, un budista, un judío y un musulmán: ¿cuáles son los rasgos necesarios para

---

[195] Cf. H. Cox, *La ciudad secular* (Pensamiento Cristiano 13; Ediciones Península, Barcelona [4]1973) 23-35.

[196] J. Habermas, *Pensamiento postmetafísico* (Editorial Taurus, Madrid 1990) 62.

[197] Cf. J. Bergoglio – A. Skorka, *Sobre el cielo y la tierra* (Editorial Debate, Barcelona 2013) 207.

el diálogo interreligioso?, ¿cuáles son las aportaciones del diálogo interreligioso a la promoción de la dignidad humana?, *¿qué significa y conlleva para la persona buscar la verdad?*, ¿cómo estar ciertos de que nuestra religión sea la verdadera?, ¿para qué realizar una colaboración interreligiosa en las misiones?, etc. La presencia de la verdad es inseparable del diálogo interreligioso, por lo que la fe cristiana pretende proclamar libremente al Dios verdadero que es Verdad y la Salvación.

Para terminar, decimos que la Iglesia católica insiste en la necesidad del anuncio de la verdad que es el mismo Cristo, en quien las personas encuentran la plenitud de la vida religiosa. Por su parte, J. Ratzinger, siguiendo a Jean Daniélou, acentúa que el cristianismo es esencialmente fe en un acontecimiento, mientras que las grandes religiones no cristianas afirman la existencia de un mundo eterno, que se encuentra en contraposición al mundo temporal, la irrupción de lo eterno en el tiempo, que le concede consistencia y lo convierte en la historia, es desconocido para esas religiones[198].

[198] Cf. J. RATZINGER, *Fe, verdad y tolerancia*, 35.

SIGLAS Y ABREVIATURAS

AG — Concilio Ecuménico Vaticano II, Decreto *Ad gentes divinitus* (1965).

AM — Benedicto XVI, Exhortación apostólica *Africae munus* (2011).

Aparecida — Consejo Episcopal Latinoamericano, CELAM, *Documento conclusivo de la V Conferencia General del CELAM* (Centro de Publicaciones del CELAM. Bogotá, D.C. ^{2}2007).

CEC — *Catecismo de la Iglesia Católica* (Asociación de Editores del Catecismo, Bilbao 2002).

Cf. — Confrontar.

ChL — Juan Pablo II, Exhortación apostólica *Christifideles laici* (1988).

CiV — Benedicto XVI, Carta encíclica *Caritas in veritate* (2009).

coord. — Coordinador.

CyR — Comisión Teológica Internacional, *El cristianismo y las religiones* (1997).

CV — Francisco, Exhortación apostólica *Christus vivit* (2019).

DetV — Juan Pablo II, Carta encíclica *Dominum et Vivificantem* (1986).

DH — Concilio Ecuménico Vaticano II, Declaración *Dignitatis humanae* (1965).

DI CONGREGACIÓN PARA LA DOCTRINA DE LA FE, Declaración *Dominus Iesus*. (2000).

DV CONCILIO ECUMÉNICO VATICANO II, Constitución *Dei Verbum* (1965).

EAf JUAN PABLO II, Exhortación apostólica *Ecclesia in Africa* (1995).

EAm JUAN PABLO II, Exhortación apostólica *Ecclesia in America* (1999).

EAs JUAN PABLO II, Exhortación apostólica *Ecclesia in Asia* (1999).

EG FRANCISCO, Exhortación apostólica *Evangelii gaudium* (2013).

EN PABLO VI, Exhortación apostólica *Evangelii nuntiandi* (1975).

EOc JUAN PABLO II, Exhortación apostólica *Ecclesia in Oceania* (2001).

ES PABLO VI, Carta Encíclica *Ecclesiam suam* (1964).

FR JUAN PABLO II, Carta encíclica *Fides et ratio* (1998).

FT FRANCISCO, Carta encíclica *Fratelli tutti* (2020).

GetE FRANCISCO, Exhortación apostólica *Gaudete et exsultate* (2018).

GS CONCILIO ECUMÉNICO VATICANO II, Constitución pastoral *Gaudium et spes* (1965).

Ibid. / *ibid.* en el mismo sitio.

ID. el mismo.

LF FRANCISCO, Carta encíclica *Lumen fidei* (2013).

LG CONCILIO ECUMÉNICO VATICANO II, Constitución dogmática *Lumen gentium* (1964).

NA CONCILIO ECUMÉNICO VATICANO II, Declaración *Nostra aetate* (1965).

NMI	JUAN PABLO II, Carta apostólica *Novo millennio ineunte* (2001).
QA	FRANCISCO, Exhortación apostólica *Querida Amazonia* (2020).
Qur.	ASAD, M., *El Mensaje del Qurán*, Junta Islámica (Centro de Documentación y Publicaciones Islámicas, Córdoba 2001).
RH	JUAN PABLO II, Carta encíclica *Redemptor hominis* (1979).
RM	JUAN PABLO II, Carta encíclica *Redemptoris missio* (1990).
TMA	JUAN PABLO II, Carta apostólica *Tertio millennio adveniente* (1994).
UR	CONCILIO ECUMÉNICO VATICANO II, Decreto *Unitatis redintegratio* (1964).
VC	JUAN PABLO II, Exhortación apostólica *Vita consecrata* (1996).
VD	BENEDICTO XVI, Exhortación apostólica *Verbum domini* (2010).
VS	JUAN PABLO II, Carta encíclica *Veritatis Splendor* (1993).

BIBLIOGRAFÍA

ARISTÓTELES, *Política* (Biblioteca de los Grandes Pensadores; RBA Coleccionables, Barcelona 2003).

ARTIGAS, M., *Las fronteras del evolucionismo* (Ediciones Universidad de Navarra, Pamplona 2004).

BASSET, J. C., *El diálogo interreligioso* (Religiones en Diálogo 3; Editorial Desclée de Brouwer, Bilbao 2015).

BECKER, K. J., "Pluralismo religioso y salvación": *Nivaria Theologica* 6 (2007).

BERGOGLIO, J. – SKORKA, A., *Sobre el cielo y la tierra* (Editorial Debate, Barcelona 2013).

BLONDEL, M., *La acción (1893). Ensayo de una crítica de la vida y de una ciencia de la práctica* (Biblioteca de Autores Cristianos, Madrid 1996).

BUBER, M., *Eclipse de Dios. Estudios sobre las relaciones entre religión y filosofía* (Fondo de Cultura Económica, México [2]1993).

———, *Yo y tú* (Esprit 1; Caparrós Editores, Madrid 1993).

BUENO DE LA FUENTE, E., *Eclesiología* (Biblioteca de Autores Cristianos, Madrid 2001).

CODA, P., *El futuro de las religiones* (Colección Subsidia 9; Publicaciones de la Facultad de Teología "San Dámaso", Madrid 2004).

CONESA, F., "Sobre la «religión verdadera». Aproximación al significado de la expresión": *Scripta Theologica* 30 (1998).

CONESA, F. – NUBIOLA, J., *Filosofía del Lenguaje* (Editorial Herder, Barcelona ²2002).

COX, H., *La ciudad secular* (Pensamiento Cristiano 13; Ediciones Península, Barcelona ⁴1973).

D´COSTA, G. (ed.), *La unicidad cristiana reconsiderada. El mito de una teología pluralista de las religiones* (Religiones en Diálogo 10; Editorial Descleé de Brouwer, Bilbao 2000).

DE SAHAGÚN LUCAS HERNÁNDEZ, J., *Fenomenología y Filosofía de la Religión* (Biblioteca de Autores Cristianos, Madrid ²2017).

DHAVAMONY, M., *Teología de las Religiones. Reflexión sistemática para una comprensión cristiana de las religiones* (Teología siglo XXI 37; Editorial San Pablo, Madrid 1998).

DOSTOYEVSKI, F., *Obras completas* II (Ediciones Aguilar, Madrid ⁹1973).

DUPUIS, J., *Hacia una teología cristiana del pluralismo religioso* (Presencia Teológica 103; Editorial Sal Terrae, Santander 2000).

———, *Jesucristo al encuentro de las religiones* (Ediciones Paulinas, Madrid 1991).

EINSTEIN, A., *Mis ideas y opiniones* (Biblioteca de los Grandes Pensadores; RBA Coleccionables, Barcelona 2002).

ELIADE, M., *Lo sagrado y lo profano* (Editorial Labor, Barcelona [7]1988).

ESQUERDA BIFET, J., *Misionología* (Biblioteca de Autores Cristianos, Madrid 2008).

FACCHINI, F., *Los orígenes del hombre y la evolución cultural* (Editorial San Pablo, Madrid 2007).

———, *Y el hombre apareció sobre la tierra. ¿Creación o evolución?* (Ediciones Palabra, Madrid 2007).

FERRER, J., *Filosofía y Fenomenología de la Religión. Cristianismo y religiones* (Albatros; Ediciones Palabra, Madrid 2013).

FERRERES, R. D. (dir.), *Enciclopedia de la Religión Católica* VI (Ediciones Dalmau y Jover, Barcelona 1954).

FRANKL, V., *Ante el vacío existencial: Hacia una humanización de la psicoterapia* (Editorial Herder, Barcelona 2003).

GARCÍA HERNANDO, J. (dir.), *Pluralismo religioso en España. III Religiones no cristianas* (Temas Vivos 12; Sociedad de Educación Atenas Centro Ecuménico «Misioneras de la Unidad», Madrid 1997).

GARCÍA MAESTRO, J. P., "El diálogo religioso: balance y perspectivas. Con motivo de los 50 años de la apertura del Concilio Vaticano II": *Lumen. Revista de síntesis y orientación de Ciencias Eclesiásticas* 61/II (2012).

García Suárez, A., "El carácter histórico-escatológico de la Iglesia en el Decreto «Ad gentes»": *Scripta Theologica* 1 (1969).

Gandhi, M. K., «La Verdad es Dios». Escritos desde mi experiencia con Dios (El Pozo de Siquem 174; Editorial Sal Terrae, Santander 2005).

Greshake, G., "Jesucristo, el Verbo de Dios hecho carne", en: *Cristo, Camino, Verdad y Vida. Actas del Congreso Internacional de Cristología* (Universidad Católica San Antonio de Murcia; Murcia 2003).

Gómez Pérez, C., *El compromiso que nace de la fe* (Espiritualidad; Narcea de Ediciones, Madrid 2012).

González, A. L., *Teología Natural* (Ediciones Universidad de Navarra, Pamplona ⁶2008).

Guerra Gómez, M., *Historia de las Religiones* (Biblioteca de Autores Cristianos, Madrid ²2010).

———, "La mujer evangelizada y evangelizadora": *Teología del Sacerdocio* 20 (1987).

Habermas, J., *Pensamiento postmetafísico* (Editorial Taurus, Madrid 1990).

Juan Pablo II, *Cruzando el umbral de la esperanza* (Plaza & Janés Editores, Barcelona ⁵1994).

Llano, A., *Gnoseología* (Ediciones Universidad de Navarra, Pamplona ³1991).

Mardones, J. M., *¿Adónde va la religión? Cristianismo y religiosidad en nuestro tiempo* (Presencia social 15; Editorial Sal Terrae, Santander 1996).

———, *Para comprender las Nuevas Formas de Religión* (Editorial Verbo Divino, Navarra 1994).

MARTÍN VELASCO, J, *Introducción a la Fenomenología de la Religión* (Ediciones Cristiandad, Madrid [4]1987).

MARTÍNEZ PUCHE, J. A., *Diccionario teológico de Santo Tomás* (Documentos y textos 13; Editorial Edibesa, Madrid 2003).

MORALES MARÍN, J., *Teología de las Religiones* (Ediciones Rialp, Madrid 2001).

OTTO, R., *Lo santo* (Alianza Editorial, Madrid [2]1991).

PLATÓN, *Diálogos*, en: *Biblioteca de los Grandes Pensadores* (RBA Coleccionables; Barcelona 2003).

POZO ABEJÓN, G., "Identificación de Jesucristo con la Verdad: reconocimiento e interpretación de San Agustín": *Revista Española de Teología* 62 (2002).

RAHNER, K., *Curso fundamental sobre la fe: Introducción al concepto de cristianismo* (Editorial Herder, Barcelona [5]1998).

RATZINGER, J., *Convocados en el camino de la Fe. La Iglesia como comunión* (Ediciones Cristiandad, Madrid 2004).

———, *El nuevo pueblo de Dios* (Editorial Herder, Barcelona [5]2016).

———, "Fe, verdad y cultura: reflexiones a propósito de la encíclica «Fides et Ratio»": *Revista Española de Teología* 60 (2000).

———, *Fe, verdad y tolerancia* (Verdad e Imagen 163; Ediciones Sígueme, Salamanca 2005).

———, *La Iglesia, Israel y las demás religiones* (Editorial Ciudad Nueva, Madrid 2007).

RICO PAVÉS, J., "Dominus Iesus y el diálogo con las religiones", en: Comisión Episcopal de Enseñanza y Catequesis, *La religión y las religiones* (Madrid 2004).

RICOEUR, P., *Historia y verdad* (Ediciones Encuentro, Madrid ^{3}1990).

RIES, J. (coord.), *Tratado de antropología de lo sagrado I. Los orígenes del homo religiosus* (Editorial Trotta, Valladolid 1995).

RODRÍGUEZ DUPLÁ, L., "El contexto filosófico y cultural de la declaración Dominus Iesus": *Salmanticensis*, 48 (2002).

SAN AGUSTÍN, *Confesiones* (Austral 1199; Espasa Calpe, Madrid ^{9}1980).

SÁNCHEZ NOGALES, J. L., *Aproximación a una teología de las religiones II* (Biblioteca de Autores Cristianos, Madrid 2015).

———, *Filosofía y Fenomenología de la Religión* (Ágape 32; Ediciones Secretariado Trinitario, Salamanca 2003).

SANTO TOMÁS DE AQUINO, *Suma contra los gentiles* II (Biblioteca de Autores Cristianos, Madrid ^{2}1967).

———, *Suma Teológica* I (Biblioteca de Autores Cristianos, Madrid ^{3}1964).

SAYÉS, J. A., *Cristianismo y religiones. La salvación fuera de la Iglesia* (Magister 10; Editorial San Pablo, Madrid 2001).

SCHELER, M., *El puesto del hombre en el cosmos* (Biblioteca de Obras Maestras del Pensamiento 40; Editorial Losada, Buenos Aires 2003).

SCHRODT, P., "Religión", en: *Diccionario de San Agustín* (Burgos 2001).

SUSAETA MONTOYA, F., *El diálogo interreligioso en 50 claves* (Editorial Monte Carmelo, Burgos 2014).

TIERNO GALVÁN, E., *¿Qué es ser agnóstico?* (Editorial Tecnos, Madrid [6]2000).

VALVERDE, C., *Antropología Filosófica* XVI (Editorial Edicep, Valencia [2]1995).

———, *Iniciación a la Antropología Filosófica* (Instituto Internacional de Teología a Distancia, Madrid [3]1999).

WONG, K., "Controversia en torno al hombre de Flores": *Temas Investigación y Ciencia* 44 (2006).

ZUBIRI, X., *El problema filosófico de la historia de las religiones* (Alianza Editorial, Madrid 1993).

———, *Naturaleza, historia, Dios* (Alianza Editorial, Madrid [9]1987).

ÍNDICE

Del mismo autor:

Diálogo interreligioso en el Concilio Vaticano II y el Magisterio posterior

(Editorial Monte Carmelo)

El desafío que el contexto de pluralidad religiosa lanza a la Iglesia, nos interpela a investigar sobre el diálogo interreligioso. El objetivo principal es analizar, mediante el método histórico, los documentos del Magisterio pontificio contemporáneo y de los organismos de la Iglesia en relación con el diálogo interreligioso. El estudio señala la continuidad y el avance en la enseñanza sobre el diálogo interreligioso.

La verdadera actividad interreligiosa significa apertura, disponibilidad al diálogo, búsqueda común de la verdad; pero de ningún modo significa renunciar a la identidad cristiana ni olvidar las profundas diferencias. El diálogo interreligioso está al servicio de la misión evangelizadora y es inseparable de la cuestión de la verdad y de la promoción humana. Por otro lado, son elementos fundamentales: la centralidad de Jesucristo, la importancia de la razón, la fraternidad humana, la libertad religiosa, el cuidado de la creación y el compromiso por la paz.